AF607200

LOS RÉQUIEM Y OTROS POEMAS

RAINER MARIA RILKE

LOS RÉQUIEM Y OTROS POEMAS

Traducción y comentarios de Otto Dörr

VISOR LIBROS

VOLUMEN MCCXXXIV DE LA COLECCIÓN VISOR DE POESÍA

Cubierta: Paul Cézanne

Isaac Peral, 18 - 28015 Madrid
www.visor-libros.com

ISBN: 978-84-9895-584-2
Depósito Legal: M-16523-2024

Impreso en España - Printed in Spain
Gráficas Muriel. C/ Investigación, n.º 9. P. I. Los Olivos - 28906 Getafe (Madrid)

A Carmen, mi mujer

I
LOS RÉQUIEM
(1908-1909)

Primer réquiem

REQUIEM FÜR EINE FREUNDIN
(Für Paula Modersohn Becker)

Ich habe Tote, und ich liess sie hin
und war erstaunt, sie so getrost zu sehn,
so rasch zuhaus im Totsein, so gerecht,
so anders als ihr Ruf. Nur du, du kehrst
zurück; du streifst mich, du gehst um, du willst
an etwas stossen, dass es klingt von dir
und dich verrät. O nimm mir nicht, was ich
langsam erlern. Ich habe recht; du irrst,
wenn du *gerührt zu irgend einem Ding*
ein Heimweh hast. Wir wandeln dieses um;
es ist nicht hier, wir spiegeln es herein
aus unserm Sein, sobald wir es erkennen.
        Ich glaubte dich viel weiter. Mich verwirrts,
dass du *gerade irrst und kommst, die mehr*
verwandelt hat als irgend eine Frau.
Dass wir erschraken, da du starbst, nein, dass
dein starker Tod uns dunkel unterbrach,
das Bisdahin abreissend vom Seither:
das geht uns an; das einzuordnen, wird
die Arbeit sein, die wir mit allem tun.
Doch dass du selbst erschrackst und auch noch jetzt
den Schrecken hast, wo Schrecken nicht mehr gilt;

RÉQUIEM PARA UNA AMIGA

(Para la pintora Paula Modersohn-Becker,
muerta de parto)

Tengo muertos y les dejé ir
y me asombré de verles tan confiados,
tan pronto como en casa allá en la muerte, tan justos,
tan distintos a su fama. Pero solo tú, tú regresas;
tú me rozas, me rodeas y quieres tropezar
con algo que resuene por ti y que te delate.
¡Oh! no me quites lo que aprendo lentamente.
Yo tengo razón; tú te equivocas
si, enternecida, sientes nostalgia
por alguna cosa. Ella no está aquí;
nosotros la transformamos y desde nuestro ser
la reflejamos hacia dentro, tan pronto la reconocemos.
        Más lejos te creí. Y me desconcierta
que seas justamente *tú* quien yerra y viene,
tú que has transformado más que cualquier otra mujer.
Que tu morir nos aterrara… no, que tu poderosa
muerte nos interrumpiera oscuramente,
desgarrando el hasta-ahí del desde-entonces:
ese es nuestro asunto, y ordenarlo será
la labor que debemos hacer con todo.
Pero que tú misma te aterraras y que aún ahora
te aterres allí donde no tiene validez terror alguno;

dass du von deiner Ewigkeit ein Stück
verlierst und hier hereintrittst, Freundin, hier,
wo alles noch nicht ist, *dass du zerstreut,*
zum ersten Mal im All zerstreut und halb,
den Aufgang der unendlichen Naturen
nicht so ergriffst wie hier ein jedes Ding;
dass aus dem Kreislauf, der dich schon empfing,
die stumme Schwerkraft irgend einer Unruh
dich niederzieht zur abgezählten Zeit—:
dies weckt mich nachts oft wie ein Dieb, der einbricht.
Und dürft ich sagen, dass du nurgeruhst,
dass du aus Grossmut kommst, aus Überfülle,
weil du so sicher bist, so in dir selbst,
dass du herumgehst wie ein Kind, nicht bange

que de tu eternidad pierdas un trozo
y que entres aquí, amiga, aquí,
donde nada *es* todavía; que tú, dispersa,
dispersa y escindida por primera vez en el universo,
no hayas acogido[1] el surgimiento de mundos
infinitos como aquí a cada cosa;
y que desde la órbita que ya te recibió,
te arrastre la silenciosa gravitación de una inquietud
cualquiera
hacia el tiempo que medimos[2]:
eso me despierta a menudo por las noches como el asalto
de un ladrón.
Y cómo quisiera decir que tú solo condesciendes,
que vienes por generosidad y exuberancia,
porque estás tan segura así en ti misma,
que rondas como un niño que no teme

---

[1] El verbo «ergreifen» (de donde deriva el subjuntivo «ergriffst») tiene dos sentidos: tomar, coger, asir, asumir (incluso en el sentido de tomar posesión o tomar el poder) y luego, el de conmover o ser conmovido. A primera vista parece que el sentido que le da el poeta es el segundo: la amiga muerta (Paula) no se conmueve ante el surgimiento de mundos infinitos, pero sí aquí en la tierra con cada pequeña cosa. Sin embargo, una mirada más atenta nos permite descubrir que el objeto de la acción del verbo «ergreifen» es aquí «el surgimiento… etc.» y no Paula, puesto que el substantivo «der Aufgang» está en acusativo: «*den* Aufgang». Ahora bien, no tendría sentido que Paula cogiera o agarrara «los mundos infinitos». Nos hemos decidido, entonces —y coincidiendo en este punto con la excelente traducción de Torrente Ballester— por el verbo «acoger», el cual, conservando la raíz «coger», significa «recibir» o «aceptar» (en este caso los mundos infinitos o las pequeñas cosas).

[2] En el original «zur abgezählten Zeit», literalmente «hacia el tiempo contado». Por sonoridad hemos preferido: «hacia el tiempo que medimos».

vor Ortern, wo man einem etwas tut—:
doch nein: du bittest. Dieses geht mir so
bis ins Gebein und querrt wie eine Säge.
Ein Vorwurf, den du trügest als Gespenst,
nachtrügest mir, wenn ich mich nachts zurückzieh
in meine Lunge, in die Eingeweide,
in meines Herzens letzte ärmste Kammer,—
ein solcher Vorwurf wäre nicht so grausam
wie dieses Bitten ist. Was bittest du?
Sag, soll ich reisen? Hast du irgendwo
ein Ding zurückgelassen, das sich quält
und das dir nachwill? Soll ich in ein Land,
das du nicht sahst, obwohl es dir verwandt
war wie die andre Häee deiner Sinne?
Ich will auf seinen Flüssen fahren, will
an Land gehn und nach alten Sitten fragen,
will mit den Frauen in den Türen sprechen
und zusehn, wenn sie ihre Kinder rufen.
Ich will mir merken, wie sie dort die Landschaft
umnehmen draussen bei der alten Arbeit
der Wiesen und der Felder; will begehren,
von ihren König hingeführt zu sein,
und will die Priester durch Bestechung reizen,
dass sie mich legen vor das stärkste Standbild
und fortgehn und die Tempeltore schliessen.
Dann aber will ich, wenn ich vieles weiss,
einfach die Tiere anschaun, dass ein Etwas
von ihrer Wendung mir in die Gelenke
herübergleitet; will ein kurzes Dasein

a los lugares donde a uno le pueden hacer daño;
pero no: tú suplicas. Y esto me penetra hasta los huesos
atravesándome como el ruido de una sierra.
Si tú, cual un fantasma, me hicieras llegar algún reproche
que me atormentara cuando de noche me recojo
a mis pulmones, a las entrañas, o a la última y más
pobre cámara de mi corazón,
tal reproche no sería tan cruel
como este ruego. Tú, ¿qué es lo que pides?
        Dime, ¿debo viajar? ¿Has olvidado algo en alguna parte,
algo que sufre y te reclama?
¿Debo ir a alguna tierra que no viste,
aunque te fuera tan afín
como la otra mitad de tus sentidos?
        Pues quiero navegar por sus ríos a esa tierra
y preguntar por las costumbres más antiguas;
quiero hablar con las mujeres en las puertas
y mirar cuando ellas llaman a sus niños.
Quiero retener en la memoria
cómo ellos visten el paisaje, allí afuera,
en su antiguo laboreo de praderas y de campos;
quiero exigir ser conducido ante su rey,
y tentar a sus sacerdotes, sobornándoles,
para que me pongan delante de su estatua más señera
y que, luego, cerrando las puertas del templo, se retiren.
Y cuando sepa mucho,
quiero entonces simplemente contemplar los animales,
de modo que algo de su gracia se deslice hacia mis
    articulaciones;
en sus ojos alcanzar quiero una existencia breve,

in ihren Augen haben, die mich halten
und langsam lassen, ruhig, ohne Urteil.
Ich will mir von den Gärtnern viele Blumen
hersagen lassen, dass ich in den Scherben
der schönen Eigennamen einen Rest
herüberbringe von den hundert Düften.
Und Früchte will ich kaufen, Früchte, drin
das Land noch einmal ist, bis an den Himmel.
Denn das verstandest du: die vollen Früchte.
Die legtest du auf Schalen vor dich hin
und wogst mit Farben ihre Schwere auf.
Und so wie Früchte sahst du auch die Fraun
und sahst die Kinder so, von innen her
getrieben in die Formen ihres Daseins.
Und sahst dich selbst zuletzt wie eine Frucht,
nahmst dich heraus aus deinen Kleidern, trugst
dich vor den Spiegel, liessest dich hinein
bis auf dein Schauen; das blieb gross davor
und sagte nicht. das bin ich; nein: dies ist.
So ohne Neugier war zuletzt dein Schaun
und so besitzlos, von so wahrer Armut
dass es dich selbst nicht mehr begehrte: heilig.
So will ich dich behalten, wie du dich
hinstelltest in den Spiegel, tief hinein
und fort von allem. Warum kommst du anders?

que ellos me retengan y luego me abandonen
despacio, tranquilamente y sin juzgarme.
Quiero que los jardineros me reciten muchas flores,
de modo que los fragmentos
de sus nombres tan hermosos
me traigan algo de sus aromas varios.
Luego, frutas comprar quiero, frutas donde otra vez esté
la tierra contenida hasta el límite del cielo.

Porque eso lo entendías: las frutas plenas.
Las ponías en fuentes ante ti
y equilibrabas su peso con colores.
Y así como a las frutas veías también a las mujeres
y así veías a los niños, impulsados desde dentro
en sus respectivas formas de existencia.
Y finalmente te viste a ti misma como fruta,
te arrancaste de tus vestidos, te pusiste
ante el espejo y te dejaste hundir en él, hasta la mirada;
esta quedó asombrada ahí delante,
pero no dijo: esto soy yo, sino: esto es.
Tan sin curiosidad estaba al fin tu mirada,
tan sin nada, tan de veras pobre[3],
que no te deseó ni a ti: sagrada.

Así deseo conservarte, así como tú te colocaste
en el espejo, profundamente dentro y más allá de todo.
Pero, ¿por qué vienes ahora tan distinta?
¿De qué deseas retractarte?

[3] En el original «von so wahrer Armut», que en traducción literal correspondería a «de tan verdadera pobreza». Nos pareció que sonaba mejor «tan de veras pobre», expresión perfectamente equivalente.

Was widerrufst du dich? Was willst du mir
einreden, dass in jenen Bernsteinkugeln
um deinen Hals noch etwas Schwere war
von jener Schwere, wie sie nie im Jenseits
beruhigter Bilder ist; was zeigst du mir
in deiner Haltung eine böse Ahnung;
was heisst dich die Konturen deines Leibes
auslegen wie die Linien einer Hand,
dass ich sie nicht mehr sehn kann ohne Schicksal?
　　Komm her ins Kerzenlicht. Ich bin nicht bang,
die Toten anzuschauen. Wenn sie kommen,
so haben sie ein Recht, in unserm Blick
sich aufzuhalten wie die andern Dinge.
　　Komm her, wir wollen eine Weile still sein.
Sieh diese Rose an auf meinem Schreibtisch;
ist nicht das Licht um sie genau so zaghaft
wie über dir. sie dürfte auch nicht hier sein.
Im Garten draussen, unvermischt mit mir,
hätte sie bleiben müssen oder hingehn,—
nun währt sie so: was ist ihr mein Bewusstsein?

　　Erschrick nicht, wenn ficht jetzt begreife, ach,
da steigt es in mir auf ich kann nicht anders,
ich muss begreifen, und wenn ich dran stürbe.
Begreifen, dass du hier bist. Ich begreife.
Ganz wie ein Blinder rings ein Ding begreift,
fühl ich dein Los und weiss ihm keinen Namen.
Lass uns zusammen klagen, dass dich einer
aus deinem Spiegel nahm. Kannst du noch weinen?
Du kannst nicht. Deiner Tränen Kraft und Andrang

¿Qué quieres insinuarme, que
en aquellas cuentas de ámbar alrededor de tu cuello
había aún
algo de peso, de esa gravedad que nunca se da en el más
allá, donde las imágenes están quietas?;
¿por qué con tu actitud vienes a darme un mal presagio?;
¿qué te llama a interpretar los contornos de tu cuerpo
como las líneas de una mano,
esas que no puedo mirar sin ver en ellas el destino?
Ven a la luz de la vela. No temo mirar a los muertos.
Cuando vienen, ellos también tienen derecho,
como las otras cosas,
a permanecer en nuestra mirada.
Ven conmigo; un momento estaremos en silencio.
Mira esta rosa sobre mi escritorio;
¿no está la luz en torno a ella tan vacilante
como sobre ti? Tampoco ella debía estar aquí.
Fuera, en el jardín, sin mezclarse conmigo,
es donde tendría que permanecer o haberse ido lejos;
pero continúa ahí: ¿qué será mi conciencia para ella?

No te asustes si ahora lo comprendo;
ay, algo está surgiendo en mí; no hay más remedio.
Tengo que comprender, aunque por eso yo me muera.
Comprender que estás aquí. Comprendo.
Como un ciego que al palpar una cosa la comprende,
así siento yo tu sino, pero no sé cuál nombre darle.
Deja que juntos lamentemos el que alguien
te haya arrancado de tu espcjo. ¿Puedes llorar aún?
No puedes. Tú transformaste la afluencia

hast du verwandelt in Dein reifes Anschaun
und warst dabei, jeglichen Saft in dir
so umzusetzen in ein starkes Dasein,
das steigt und kreist, im Gleichgewicht und blindlings.
Da riss ein Zufall dich, dein letzter Zufall
riss dich zurück aus deinem fernsten Fortschritt
in eine Welt zurück, wo Säfte wollen.
Riss dich nicht ganz, riss nur ein Stück zuerst,
doch als um dieses Stück von Tag zu Tag
die Wirklichkeit so zunahm, dass es schwer ward,
da brauchtest du dich ganz: da gingst du hin
und brachst in Brocken dich aus dem Gesetz
mühsam heraus, weil du dich brauchtest. Da
trugst du dich ab und grubst aus deines Herzens
nachtwarmen Erdreich die noch grünen Samen,
daraus dein Tod aufkeimen sollte: deiner,
dein eigner Tod zu deinem eignen Leben.
Und assest sie, die Körner deines Todes,
wie alle andern, assest seine Körner,
und hattest Nachgeschmack in dir von Süsse,
die du nicht meintest, hattest süsse Lippen,
du: die schon innen in den Sinnen süss war.
O lass uns klagen. Weisst du, wie dein Blut
aus einem Kreisen ohnegleichen zögernd
und ungern wiederkam, da du es abriefst?
Wie es verwirrt des Leibes kleinen Kreislauf

y la fuerza de tus lágrimas en un mirar maduro
y estabas por convertir tu savia toda
en una existencia más fuerte,
que sube y gira, en equilibrio, a ciegas.
Entonces un azar, tu último azar,
te arrebató desde tu más remoto ascenso,
trayéndote de vuelta a un mundo
hacia donde esas savias *fluyen.*
No toda te arrancó, sin embargo; al principio fue solo trozo,
pero cuando a su alrededor la realidad día a día
fue creciendo hasta hacerse él muy pesado,
entonces te necesitaste entera
y fuiste y desde la ley te desprendiste
a duras penas en fragmentos,
porque te necesitabas. Entonces te desgastaste,
desenterrando de la cálida tierra nocturna de tu corazón
las semillas aún verdes de las que había de brotar tu muerte;
la tuya, tu propia muerte para tu propia vida.
Y comiste los granos de tu muerte;
al igual que todos sus granos comiste,
sintiendo en ti un resabio de dulzura que no imaginabas;
y tenías dulces labios, tú, la que ya era tan dulce por dentro,
en los sentidos.

¡Cómo no llorar! ¿Sabes que tu sangre,
titubeante y a disgusto, retornó desde un circuito
incomparable cuando tú la convocaste?
Y cómo ella, confundida, reanudó la pequeña circulación
del cuerpo;

noch einmal aufnahm; wie es voller Misstraun
und Staunen eintrat in den Mutterkuchen
und von dem weiten Rückweg plötzlich müd war.
Du triebst es an, du stiessest es nach vorn,
du zerrtest es zur Feuerstelle, wie
man eine Herde Tiere zerrt zum Opfer,
und wolltest noch, es sollte dabei froh sein.
Und du erzwangst es schliesslich: es war froh
und lief herbei und gab sich hin. Dir schien,
weil du gewohnt warst an die andern Masse,
es wäre nur für eine Weile; aber
nun warst du in der Zeit, und Zeit ist lang.
Und Zeit geht hin, und Zeit nimmt zu, und Zeit
ist wie ein Rückfall einer langen Krankheit.
Wie war dein Leben kurz, wenn du's vergleichst
mit jenen Stunden, da du sassest und
die vielen Kräfte deiner vielen Zukunft
schweigend herabbogst zu dem neuen Kindkeim,
der wieder Schicksal war. O wehe Arbeit.
O Arbeit über alle Kraft. Du tatest
sie Tag, für Tag, du schlepptest dich zu ihr
und zogst den schönen Einschlag aus dem Webstuhl
und brauchtest alle deine Fäden anders.
Und endlich hattest du noch Mut zum Fest.

cómo entró en la placenta, llena de asombro y
desconfianza
y, de pronto, se cansó del largo camino de regreso.
Tú la impulsaste y empujándola hacia adelante
la arrastraste hacia la hoguera de la ofrenda,
como a un rebaño de animales que marcha al sacrificio;
y querías todavía que estuviese contenta.
Por último la forzaste y la sangre se alegró[4],
llegó corriendo y se entregó.
A ti te parecía, acostumbrada a escalas diferentes,
que esto duraría unos momentos solo;
pero entonces tú estabas en el tiempo y el tiempo es largo.
Y el tiempo transcurre y se acrecienta
y es como la recaída de una larga enfermedad.
Qué corta fue tu vida, si la comparas
con aquellas horas cuando, sentada, inclinabas en silencio
las muchas fuerzas de tu abundante futuro
sobre el nuevo germen de un niño
que otra vez era destino. ¡Oh trabajo doloroso!
¡Oh trabajo más allá de toda fuerza!
Día a día lo hacías, arrastrándote,
y sacaste del telar la bella trama
y empleaste todos tus hilos de otro modo.
Y aún tenías al fin valor para la fiesta.

---

[4] En el original «es war froh», que en traducción literal sería «ella estaba contenta» (la sangre); pero como en la frase anterior dice: «…y querías todavía que estuviese contenta», pensamos evitar la repetición sin alterar el sentido, al decir aquí « la sangre se alegró».

Denn das getan war, wolltest du belohnt sein,
wie Kinder, wenn sie bittersüssen Tee
getrunken haben, der vielleicht gesund macht.
So lohntest du dich: denn von jedem andern
warst du zu weit, auch jetzt noch; keiner hätte
ausdenken können, welcher Lohn dir wohltut.
Du wusstest es. Du sassest auf im Kindbett,
und vor dir stand ein Spiegel, der dir alles
ganz widergab. Nun war das alles Du
und ganz davor, *und drinnen war nur Täuschung,*
die schöne Täuschung jeder Frau, die gern
Schmuck umnimmt und das Haar kämmt und verändert.
So starbst du, wie die Frauen früher starben,
altmodisch starbst du in dem warmen Hause
den Tod der Wöcherinnen, welche wieder
sich schliessen wollen und es nicht mehr können,
weil jenes dunkel, das sie mitgebaren,
noch einmal wiederkommt und drängt und eintritt.

Ob man nicht dennoch hätte Klagefrauen
auftreiben müssen? Weiber, welche weinen
für Geld und die man zo bezahlen kann,
dass sie die Nacht durch heulen, wenn es still wird.

Al terminar, entonces, pediste ser recompensada,
al igual que el niño que ha tomado un té agridulce
que tal vez lo sane[5].
Así te pagaste tú a ti misma:
pues demasiado lejos estabas de todo lo demás —aún
ahora—
y nadie habría podido adivinar qué recompensa era la
adecuada para ti.
Pero tú sí lo sabías. Te sentaste en la cama de parida
y frente a ti un espejo te lo devolvía todo.
Ahora, todo eso eras *tú* y estaba allí *delante,*
mientras dentro solo había engaño,
esa bella ilusión de la mujer
que se complace al enjoyarse y que se peina y cambia su
cabello.
Así moriste, como morían antaño las mujeres;
pasada de moda moriste en la casa calurosa
la muerte de las parturientas,
de esas que quieren volver a cerrarse y ya no pueden,
porque aquello oscuro que también dieron a luz,
vuelve otra vez y apremia y termina por entrar.

¿No deberíamos haber traído plañideras?
Mujeres, sí, que lloran por dinero,
a las que uno puede pagar para que lloren
la noche entera, cuando llega el silencio.

---

[5] En el original «der vielleicht gesund macht», literalmente «el que tal vez sana». Por un problema de sonoridad agregamos el acusativo del pronombre personal «lo», pues es el niño quien sería el objeto de la acción saludable del té.

Gebräuche her. Wir haben nicht genug
Gebräuche. Alles geht und wird verredet.
So musst du kommen, tot, und hier mit mir
Klagen nachholen. Hörst du, dass ich klage?
Ich möchte meine Stimme wie ein Tuch
hinwerfen über deines Todes Scherben
und zerrn an ihr, bis sie in Fetzen geht,
und alles, was ich sage, müsste so
zerlumpt in dieser Stimme gehn und frieren;
blieb es beim Klagen. Doch jetzt klag ich an:
den einen nicht, der dich aus dir zurückzog,
(ich find ihn nicht heraus, er ist wie alle)
doch alle klag ich in ihm an: den Mann.
        Wenn irgendwo ein Kindgewesensein
tief in mir aufsteigt, das ich noch nicht kenne,
vielleicht das reinste Kindsein meiner Kindheit:
ich wills nicht wissen. Einen Engel will
ich daraus bilden ohne hinzusehn
und will ihn werfen in die erste Reihe
schreiender Engel, welche Gott erinnern.
        Denn dieses Leiden dauert schon zu lang,
und keiner kanns, es ist zu schwer fzir uns,
das wirre Leiden von der falschen Liebe,
die, bauend auf Verjährung wie Gewohnheit,
ein Recht sich nennt und wuchert aus dem Unrecht.
Wo ist ein Mann, der Recht hat auf Besitz?
Wer kann besitzen, was sich selbst nicht hält,
was sich von Zeit zu Zeit nur selig auffängt

¡Tradiciones! No tenemos suficientes tradiciones.
Todo pasa y hablando se deshace.
Así tienes que venir tú, muerta, y aquí conmigo
recuperar lamentaciones. Dime, ¿escuchas mi lamento?
Como un paño quisiera arrojar mi voz
sobre los restos de tu muerte,
y tirar luego de ella hasta hacerla harapos,
y entonces todas mis palabras, andrajosas,
tendrían así que irse en esta voz y sentir frío;
pero se quedaron en lamentaciones.
Ahora, sin embargo, acuso: no a aquel que te arrancó de ti,
(no puedo distinguirlo; es como todos),
pero en él acuso a todos: al hombre.
        Si desde algún lugar profundo
aflora en mí el haber sido niño, algo que desconozco
    todavía,
acaso el más puro ser-niño de mi infancia:
no lo quiero saber.
Quiero, sin mirar, hacer de él un ángel
y lanzarlo a la primera fila de los ángeles,
de esos que hacen a Dios con gritos recordar.
        Pues esta pena dura demasiado
y nadie puede soportarla; es tan pesada para nosotros
la confusa pena del falso amor,
amor que, construido sobre la prescripción y la costumbre,
se declara con derechos y prolifera desde la injusticia.
¿Dónde hay un hombre que tenga derecho a poseer?
¿Quién puede poseer lo que en sí no se sostiene,
lo que solo de tanto en tanto y alegremente se recoge

und wieder hinwirft wie ein Kind den Ball.
Sowenig wie der Feldherr eine Nike
festhalten kann am Vorderbug des Schiffes,
wenn das geheime Leichtsein ihrer Gottheit
sie plötzlich weghebt in den hellen Meerwind:
so wenig kann einer von uns die Frau
anrufen, die uns nicht mehr sieht und die
auf einem schmalen Streifen ihres Daseins
wie durch ein Wunder fortgeht, ohne Unfall:
er hätte denn Beruf und Lust zur Schuld.
Denn das ist *Schuld, wenn ingendeines Schuld ist:*
die Freiheit eines Lieben nicht vermehren
um alle Freiheit, die man in sich aufbringt.
Wir haben, wo wir lieben, ja nur dies:
einander lassen; denn dass wir uns halten,
das fdllt uns leicht und ist nicht erst zu lernen.

Bist du noch da? In welcher Ecke bist du?—
Du hast so viel gewusst von alledem
und hast so viel gekonnt, da du so hinginst
für alles offen, wie ein Tag, der anbricht.
Die Frauen leiden: lieben heisst allein sein,

y se lanza de nuevo, como hace un niño con su balón?
Así como un capitán[6] no puede retener
la diosa de la victoria en la proa del barco,
cuando la secreta ingravidez de su divinidad
la eleva de pronto hacia el claro viento marino;
así tampoco puede uno de nosotros
llamar a la mujer que no nos ve ya
y que, como por milagro, se aleja
sobre una angosta faja de su existencia, sin caerse:
a no ser que él tenga vocación y gusto por la culpa.
Por cuanto *esto* es culpa, si es que algo puede serlo:
el no acrecentar la libertad del ser amado
por toda la libertad que uno a sí mismo se procura.
Esto solo nos queda cuando amamos:
dejarnos uno al otro; pues nos es fácil retenernos
y no necesitamos aprenderlo.

¿Estás aún ahí? ¿En qué rincón estás?
Tú que supiste tanto de todo aquello
y que eras tan capaz, al caminar por el mundo abierta a todo,
como un día que comienza.
Las mujeres sufren: amar es estar solo;

---

[6] En el original «der Feldherr», palabra antigua para general (de ejército) en campaña, máxima autoridad en una campaña o guerra determinada. Como en castellano el título de «general» no se usa en el contexto naval, hemos preferido hablar de «capitán», palabra que, conteniendo el significado de autoridad guerrera, conserva la ambigüedad buscada por el poeta (se dice también «capitán de barco», por ejemplo). Torrente Ballester emplea aquí el término «almirante», que en nuestra opinión se aleja del sentido original de «Feldherr».

und Künstler ahnen manchmal in der Arbeit,
dass sie verwandeln müssen, wo sie lieben.
Beides begannst du; beides ist in Dem,
was jetzt ein Ruhm entstellt, der es dir fortnimmt.
Ach du warst weit von jedem Ruhm. Du warst
unscheinbar, hattest leise deine Schönheit
hineningenommen, wie man eine Fahne
einzieht am grauen Morgen eines Werktags,
und wolltest nichts, als eine lange Arbeit,—
die nichtgetan ist: dennoch nicht getan.
Wenn du noch da bist, wenn in diesem Dunkel
noch eine Stelle ist, an der dein Geist
empfindlich mitschwingst auf den flachen Schallwelln,
die eine Stimme, einsam in der Nacht,
aufregt in eines hohen Zimmers Strömung:
So hör mich: Hilf mir. Sieh, wir gleiten so,
nicht wissend wann, zurück aus unserm Fortschritt
in irgendwas, was wir nicht meinen; drin
wir uns verfangen wie in einem Traum
und drin wir sterben, ohne zu erwachen.
Keiner ist weiter. jedem, der sein Blut
hinaufhob in ein Werk, das lange wird,

los artistas presienten a veces, trabajando,
que deben transformar allí donde aman.
Ambas cosas empezaste; ambas están en eso
que ahora una gloria distorsiona al arrebatártelo.
Tú estabas lejos de toda gloria. Eras inaparente;
en silencio tu belleza en ti guardaste,
al igual que se recoge una bandera
en la mañana gris de un día de trabajo;
y no quisiste más que una tarea larga,
que no está hecha, sin embargo, no está hecha.
Si aún estás ahí, si en esta oscuridad
hay todavía algún lugar donde tu espíritu sensible
vibre con las ondas planas del sonido,
que una voz, sola en plena noche,
agita en la corriente de un elevado cuarto,
entonces escucha: ayúdame. Mira, nosotros, sin saber
cuándo,
y desde nuestra madurez[7],
nos deslizamos hacia atrás, hacia algo que no
imaginamos;
en su interior nos enredamos como en sueños
y allí, sin despertar, nos moriremos.
Nadie ha ido más allá. A todo el que elevó su sangre
hacia una obra que se prolonga demasiado,

[7] En el original dice «aus unserem Fortschritt», vale decir, «desde nuestro progreso». Como la palabra «progreso» tiene en castellano un sentido mucho más concreto, hemos preferido decir «desde nuestra madurez», por cuanto esta expresión representa exactamente lo aludido por el poeta en este contexto.

kann es geschehen, dass ers nicht mehr hochhält
und dass es geht nach seiner Schwere, wertlos.

Denn irgendwo ist eine alte Feindschaft
zwischen dem Leben und der grossen Arbeit.
Dass ich sie einseh und sie sage: hilf mir.
        Komm nicht zurück. Wenn du 's erträgst, so sei
tot bei den Toten. Tote sind beschäftigt.
Doch hilf mir so, dass es dich nicht zerstreut,
wie mir das Fernste manchmal hi i. in mir.

le puede ocurrir que no sea capaz de sostenerla
y que ella caiga por su peso, sin valor.

Porque en alguna parte se da una vieja enemistad
entre la vida y la gran tarea.
¡Que yo la reconozca y que ella diga: ayúdame!
    No vuelvas. Si lo soportas, sigue muerta entre los
        muertos.
Ellos tienen sus afanes.
Pero ayúdame así, sin que ello te distraiga,
como me ayuda a veces lo más remoto: en mí.

(31 de octubre, 1 y 2 de noviembre de 1908. París)

COMENTARIO AL «RÉQUIEM PARA UNA AMIGA»

Paula Becker fue una pintora expresionista a quien Rilke conoció en 1902 en una colonia de artistas que floreció a fines del siglo pasado y principios de este en Worpswede, una pequeña ciudad situada entre Hamburgo y Bremen, y que pocos años después se casó con el pintor Otto Modersohn. Todos ellos conformaban un grupo de pintores y escultores que, muy inspirados en Cézanne, se habían alejado de todo academicismo, orientándose por una parte hacia el paisaje (por cierto muy diferente al clasicista) y por otra, hacia la expresión de una vida interior rica y refinada. Rilke se sintió muy bien entre ellos y experimentó su amistad como un consuelo, pues volvía de un viaje a Rusia con Lou Andreas-Salomé, y la relación con esta se había interrumpido. (La interrupción no fue muy larga, sin embargo, reanudándose el contacto unos dos años más tarde en la forma de una gran amistad que duraría hasta la muerte del poeta). Este período fue muy importante también, por el hecho que ahí conoció Rilke a la que sería su mujer, la escultora Clara Westhoff, madre de su única hija, Ruth.

Al parecer Rilke no supo apreciar en un comienzo la extraordinaria fuerza de la pintura de Paula Becker, pero algunos años más tarde, en enero de 1906, en una visita que hace a la colonia, se muestra muy impresionado con su obra, según se desprende de una carta a Karl von der Heydt: «Lo más sorprendente fue encontrar a la mujer de Modersohn en una evolución de su pintura completamente propia, pintando sin rodeos y ajena a toda consideración...». En mayo de ese mismo año él posó para Paula y este cuadro está considerado como una obra maestra de la pintura expresionista. Lo más extraordinario es que Paula Becker pintó en 1906 a un Rilke que todavía no existía, al Rilke de la madurez de las *Elegías de Duino,* terminadas en 1922 y que es probablemente el único cuadro del poeta que está a la altura del modelo. Paula visitó varias veces a Rilke en París y este a ella en Worpswede, formándose entre ambos una amistad muy profunda y no exenta de tensiones, la tensión entre dos genios que tratan de expresar al mismo tiempo, pero con un lenguaje muy diferente, lo que está ocurriendo en ese momento con el hombre, con la naturaleza y con la historia. Paula murió de parto a los 31 años, el 20 de noviembre de 1907. Curiosamente Rilke no habló de este suceso en ninguna de sus cartas de ese entonces y solo se refirió a esta pérdida en una conversación con otra amiga, la Sra. Kippenberg, con una frase que cita su biógrafo Hans Egon Holthusen: «Es la única muerta cuyo peso siento». Un año después de esta desgracia, el preciso día 31 de octubre de 1908, el poeta fue literalmente invadido por la inspiración, de la cual brotaron los versos de este largo e impresionante réquiem, el cual, aparte de su belleza, constituye una reflexión de la mayor profundidad imaginable sobre el tema de la muerte y la relación del hombre con el más allá.

El réquiem comienza con la constatación del poeta que de todos los seres queridos que se le han muerto a lo largo de su vida solo ella, Paula, regresa, intentando incluso chocar con objetos que resuenen para no dejar así de ser percibida por él. Y el poeta se extraña tanto de que vuelva, porque ella había «transformado más que cualquier otra mujer», vale decir, porque a través del arte, concretamente a través de su pintura, había creado formas nuevas y las había inmortalizado. Este tema lo desarrollará más tarde en las *Elegías de Duino,* particularmente en la Primera, la Séptima y la Novena, donde el arte, junto a la palabra poética, aparece como la máxima expresión del espíritu humano y la única capaz de darle un verdadero sentido a las cosas y en último término, a la vida humana misma: «Tierra, ¿no es esto lo que tú quieres: resurgir en nosotros invisible?», dirá al final de la Novena Elegía.

Él no se extraña del horror que le produjo la muerte de Paula (él la quería y la admiraba tanto) y tampoco del hecho que su propia vida haya quedado «desgarrada» entre el antes y el después de esa muerte; pero sí se sorprende de que ella se haya aterrorizado en el otro mundo, allí «donde no tiene validez terror alguno». Porque, ¿cómo explicar el que ella regrese desde el más allá y que, despreciando «el surgimiento de mundos infinitos», se interese aquí por «cada cosa»? Él quisiera pensar que Paula lo hace por «generosidad y exuberancia», pero no, porque ella le suplica. ¿Y qué es lo que le pide? Entonces el poeta se imagina una serie de cosas que Paula omitió o que no alcanzó a hacer en su vida y que él está dispuesto a hacer por ella. Conociendo la afición de Rilke por los viajes, no es raro que él haya supuesto que la pintora pudiera atormentarse por no haber conocido algunos lugares («Dime, ¿debo viajar? ¿Has olvidado algo en alguna parte, / algo que sufre y te reclama?»). Con un lenguaje de gran belleza el poeta describe ríos, tierras remotas donde gobiernan reyes y hay hermosos templos, campos labrados, jardines de flores con extraños nombres, etc. y que él podría ir a visitar en su lugar.

Y entonces viene un salto y Rilke se dirige ahora directamente a Paula y le habla de su pintura, de cómo ella pintaba a las mujeres y a los niños como a frutas impulsadas desde el fondo de su naturaleza hacia sus respectivas formas de existencia; de cómo ella se pintó también a sí misma como a una naturaleza muerta («te pusiste ante el espejo y te dejaste hundir en él, menos la mirada»). Y así es como el poeta quiere conservarla en la memoria, «sumergida y más allá de todo», con lo que probablemente quiere decir que él desea que ella permanezca siendo solo una artista, desprendida de toda atadura, incluso de las ataduras del amor. Pero luego duda y pregunta: «¿Por qué vienes ahora tan distinta? / ¿De qué deseas retractarte?» Aquí se anuncia otro de los temas de las *Elegías de Duino*, el tema de la misión del hombre en la tierra, del ser humano en general y de cada uno en particular. Paula tendría que haber permanecido siendo artista y nada más que artista, sacrificando incluso su vida de madre y de esposa.

El réquiem continúa con una alternancia de versos en los cuales el poeta reflexiona sobre la muerte y la vida, y de otros en los que él entra en un diálogo directo e íntimo con la amiga desaparecida, esa que ha atravesado los espacios infinitos para visitar, como cuando dice: «Ven a la luz de la vela. No temo mirar a los muertos... Ven conmigo; un momento estaremos en silencio..., etc.». Y de pronto él empieza a comprender el destino de su amiga, pero no sabe «qué nombre darle». Y ese sino es terrible, porque en cierto modo fue Otto Modersohn, el propio marido, quien la sacó de su profesión de artista para encerrarla en el amor matrimonial y en la maternidad: («deja que juntos lamentemos el que alguien te haya arrancado de tu espejo»). El poeta cree comprender también que esto ocurrió en el momento en que Paula había alcanzado su plena madurez como artista, vale decir, cuando había logrado «transformar» lo que la rodeaba en cultura («te arrebató desde tu más remoto ascenso»), y que ese azar la trajo de vuelta a la naturaleza, «a un mundo donde esas savias fluyen». Pero ese proceso no fue brusco, sino paulatino, dándole tiempo a ella para desenterrar «las semillas aún verdes» de las que había de brotar «tu propia muerte para tu propia vida». Y aquí nos encontramos con el gran tema rilkiano, el de la muerte propia. Cada uno debe poder morir su propia muerte, la que le ha de calzar «como un vestido». Él duda al principio que esto haya ocurrido con Paula, pero al «comprender» se reconcilia con esta muerte, la acepta como propia de ella e incluso la considera dulce («y sentiste en ti un resabio de dulzura que no imaginaste»). En los versos siguientes el poeta se dedica a describir el proceso del parto y la muerte de Paula, con términos por momentos médicos y anatómicos, pero que él logra transformar en poéticos: «¿Sabes que tu sangre titubeante y a disgusto, / retornó desde un circuito incomparable cuando tú la convocaste?»;

y luego, «cómo (ella) entró en la placenta, llena de asombro y desconfianza / y, de pronto, se cansó del largo camino de regreso». Esta parte del réquiem termina paradojalmente con una suerte de exaltación tanto del embarazo («qué corta fue tu vida, si la comparas / con aquellas horas cuando, sentada, inclinabas en silencio… etc.») como de la muerte de parto («así moriste, como morían antaño las mujeres; / pasada de moda moriste en la casa calurosa / la muerte de las parturientas… etcétera»). Y decimos que es paradojal porque en el comienzo del poema se percibía más bien un reproche a Paula por morirse antes de haber realizado toda su obra.

En la penúltima parte el poeta comienza deplorando el no haber conseguido «plañideras» que le hubieran dado al menos un carácter más ritual a la muerte de su amiga y se queja porque ya «no tenemos suficientes tradiciones». Y agrega una de las frases más escépticas y a su vez nostálgicas del poema: «todo pasa y hablando se deshace». Aquí no solo está expresada la transitoriedad de lo humano, sino también la ambigüedad del lenguaje, el que, por una parte, es capaz de des-cubrir verdades y, con ello, de crear cultura y, por otra, de en-cubrir, de ocultar la realidad, vale decir, de «deshacer» las cosas en el hablar. Esta imagen anticipa a su vez una idea similar que el poeta va a desarrollar años más tarde en las *Elegías de Duino*, particularmente en la primera de ellas, cuando dice: «porque no hay permanecer en parte alguna». El poema continúa con estos saltos entre el diálogo íntimo con el ser querido que se ha muerto y las reflexiones sobre la vida de este, las circunstancias de su muerte y la condición mortal del hombre en general. Desde el dolor insoportable de la pérdida («quisiera arrojar como un paño mi voz / sobre los restos de tu muerte... pues esta pena ya dura demasiado / y nadie puede soportarla...») y decidido a abandonar ya las lamentaciones, pasa el poeta a expresar su sentimiento de rabia en contra del marido de la pintora por el papel que le hubiera cabido en su muerte y por haberla sacado de su obra («no puedo distinguirlo; es como todos, / pero en él acuso a todos: al hombre»); y luego reclama en contra de los amores falsos, construidos «sobre la prescripción y la costumbre». Porque, «¿dónde hay un hombre que tenga derecho a poseer?». El varón interfiere en la vida de la mujer, sobre todo de la mujer artista, con su afán de poseerla, de limitar su libertad. Y por ello él se hace culpable, porque una de las más grandes culpas es «el no acrecentar la libertad del ser amado». Más aún, el verdadero amor es justamente lo contrario: «dejarnos el uno al otro».

En la última parte del réquiem el poeta retorna al diálogo íntimo con la amiga muerta («¿Estás aún ahí? ¿En qué rincón estás?»), para pasar de inmediato a desarrollar el tema final, que es el de las relaciones entre el amor y la obra. Primero, él plantea otra vez la idea del amor que había venido desarrollando en los versos anteriores: «Amar es estar solo» y los artistas deberían, antes de nada, saber emplear la fuerza del amor en su creación («deben transformar allí donde aman»). Al parecer no se pueden hacer las dos cosas con la misma intensidad. Aún más, el conflicto se da no solo entre el amor y la obra, sino también entre la vida y la obra («porque en alguna parte se da una vieja enemistad entre la vida y la gran tarea»). Por otra parte, la condición humana consiste en estar amenazados por la muerte, hacia la que nos deslizaremos inevitablemente y «enredados como en sueños»; por lo tanto, el tiempo apremia y nuestra primera prioridad es acabar la obra, aunque esta «se prolongue demasiado» y aunque llegue el momento en que ya «no seamos capaces de sostenerla». Y en ese momento el poeta se percata de que en él está ocurriendo el mismo conflicto que vivió Paula en su vida y que la llevó a su muerte: el conflicto entre el amor y la vida, por una parte y la obra de arte, por la otra. Entonces le pide a su amiga muerta tres cosas: primero, que él pueda reconocer a tiempo su propia tarea; segundo, que ella no vuelva y siga muerta con los muertos; y tercero, que lo ayude a realizar esa su obra, pero también a soportar su ausencia.

Segundo réquiem

REQUIEM FÜR DEN DICHTER WOLF VON KALCKREUTH

Sah ich dich wirklich nie? Mir ist das Herz
so schwer von dir wie von zu schweren Anfang,
den man hinausschiebt. Dass ich dich begänne
zu sagen, Toter der du bist; du gerne,
du leidenschaftlich Toter. War das so
erleichternd wie du meintest, oder war
das Nichtmehrleben doch noch weit vom Totsein?
Du wähntest, besser zu besitzen dort,
wo keiner wert legt auf Besitz. Dir schien,
dort drüben wärst du innen in der Landschaft,
die wie ein Bild hier immer von dir zuging,
und kämst von innen her in die Geliebte
und gingest hin durch alles, stark und schwingend.
O dass du nun die Täuschung nicht zu lang
nachtrügest deinem knabenhaften Irrtum.
Dass du, gelöst in einer Strömung Wehmut
und hingerissen, halb nur bei Bewusstsein,
in der Bewegung um die fernen Sterne
die Freude fändest, die du von hier fort
verlegt hast in das Totsein deiner Träume.

RÉQUIEM PARA EL POETA WOLF VON KALCKREUTH

¿Es que en realidad no te vi nunca? Mi corazón
está tan apesadumbrado por ti como por esos comienzos
demasiado difíciles y que uno siempre aplaza. Que yo
empezara
a decirte, ahora que estás muerto, tú gustosamente,
tú apasionadamente muerto. ¿Fue eso tan
aliviador como pensaste, o estaba aún muy distante
el ya-no-vivir-más del estar-muerto?
Tú te imaginaste poseer mejor allá,
donde nadie da valor al poseer. Te pareció
que ahí, al otro lado, tú estarías dentro del paisaje
—ese que aquí siempre se acercaba a ti como una
imagen—
y que vendrías desde dentro hacia la amada,
pasando, alado y fuerte, a través de todo.
Ojalá que ahora no añadas el engaño
a tu error juvenil, por mucho tiempo.
Que tú, disuelto en una corriente de nostalgia,
arrebatado y consciente solo a medias,
encontrases en el movimiento alrededor de las estrellas
la alegría que has trasladado desde aquí
hasta el estar muerto de tus sueños.

Wie nahe warst du, Lieber, hier an ihr.
Wie war sie hier zuhaus, die, die du meintest,
die ernste Freude deiner strengen Sehnsucht.
Wenn du, enttäuscht von Glücklischsein und Unglück,
dich in dich wühltest und mit einer Einsicht
mühsam heraufkamst, unter dem Gewicht
beinah zerbrechend deines dunkeln Fundes:
da trugst du sie, sie, die du nicht erkannt hast,
die Freude trugst du, deines kleinen Heilands
Last trugst du durch dein Blut und holtest über.
Was hast du nicht gewartet, dass die Schwere
ganz unterträglich wird: da schlägt sie um
und ist so schwer, weil sie so echt ist. Siehst du,
dies war vielleicht dein nächster Augenblick;
er rückte sich vielleicht vor deiner Tür
den Kranz im Haar zurecht, da du sie zuwarfst.
O dieser Schlag, wie geht er durch das Weltall,
wenn irgendwo vom harten scharfen Zugwind
der Ungeduld ein Offenes ins Schloss fällt.
Wer kann beschwören, dass nicht in der Erde
ein Sprung sich hinzieht durch gesunde Samen;
wer hat erforscht, ob in gezähmten Tieren
nicht eine Lust zu töten geilig aufzuckt,

Cuán cercano estuviste tú, querido, aquí, de ella.
Cómo se encontraba aquí como en su casa,
ella, a la que tú te referías
como a la severa alegría de tu nostalgia rigurosa.
Cuando tú, desilusionado de la desventura y de la dicha,
te agitaste dentro de ti y ascendiste fatigosamente
comprendiendo y quebrándote casi bajo el peso
de tu oscuro hallazgo:
entonces la llevaste a ella, a ella, a la que no reconociste,
llevaste la alegría y a través de tu sangre
también la carga de tu pequeño salvador, adelantándote.
Lo que no esperaste fue que el peso
se hiciese del todo insoportable: es entonces cuando este
se invierte de repente y es tan pesado por ser tan verdadero[1].
Ves, este fue quizá tu momento más cercano;
tal vez él se acomodaba la guirnalda en el cabello
ante la puerta que tú le cerraste bruscamente.
Oh este golpe, cómo atraviesa el universo
cuando, en alguna parte, algo abierto se cierra
con esa corriente de aire, dura y cortante, de la impaciencia.
¿Quién puede jurar que en la tierra
no se extiende una grieta a través de las semillas sanas?;
¿quién ha investigado si en los animales domésticos
no resplandece lascivo un deseo de matar

[1] En el original «echt», cuya significación más frecuente es «auténtico»; sin embargo, este adjetivo se usa también en el sentido de genuino, propio y verdadero.

wenn dieser Ruck ein Blitzlicht in ihr Hirn wirft.
Wer kennt den Einfluss, der von unserm Handeln
hinüberspringt in eine nahe Spitze,
und wer begleitet ihn, wo alles leitet?
Dass du zerstörst hast. Dass man dies von dir
wird sagen müssen bis in allen Zeiten.
Und wenn ein Held bevorsteht, der den Sinn,
den wir für das Gesicht der Dinge nehmen,
wie eine Maske abreisst und uns rasend
Gesichter aufdeckt, deren Augen längst
und lautlos durch verstellte Löcher anschaun:
dies ist Gesicht und wird sich nicht verwandeln:
dass du zerstörst. Blöcke lagen da,
und in der Luft um sie war schon der Rhythmus
von einem Bauwerk, kaum mehr zu verhalten;
du gingst herum und sahst nicht ihre Ordnung,
einer verdeckte dir den andern; jeder
schien dir zu wurzeln, wenn du im Vorbeigehn
an ihm versuchtest, ohne rechtes Zutraun,
dass du ihn hübest. Und du hobst sie alle
in der Verzweiflung, aber nur, um sie
zurückzuschleudern in den klaffen Steinbruch,
in den sie, ausgedehnt von deinem Herzen,
nicht mehr hineingehn. Hätte eine Frau
die leichte Hand gelegt auf dieses Zornes

cuando esta sacudida lanza una luz relampagueante en su cerebro?
¿Quién conoce la influencia que desde nuestro actuar salta
hacia una cumbre cercana
y quién la acompaña hasta allí, a donde todo conduce?
¡Que tú hayas destruido! ¡Que se tenga que decir esto de ti
hasta el fin de los tiempos!
Y si inminente es que un héroe aparezca y arranque,
cual máscara, el sentido que nosotros tomamos
por la faz de las cosas y que frenéticamente
nos descubra rostros, cuyos ojos nos miran hace tiempo y
en silencio a través de agujeros escondidos;
esto es rostro y ya no se transformará:
¡que tú hayas destruido! Ahí yacían los sillares
y en el aire alrededor ya estaba el ritmo
de una obra en construcción, que apenas podía contenerse;
tú pasaste entre ellos y no viste su orden,
pues uno al otro te encubría; cada uno
parecía arraigarse en ti, cuando tú, al pasar
junto a él, sin verdadera fe, intentabas levantarlo.
Y en la desesperación a todos levantaste,
pero solo para lanzarlos de vuelta
a la cantera abierta, en la que ellos,
expandidos por tu corazón, ya no cabían.
Si una mujer hubiese puesto su mano ligera
sobre el comienzo aún delicado de esta ira;

noch zarten Anfang; wäre einer, der
beschäftigt war, im Innersten beschäftigt,
dir still begegnet, da du stumm hinausgingst,
die Tat zu tun—; ja hätte nur dein Weg
vorbeigeführt and einer wachen Werkstatt,
wo Männer hämmern, wo der Tag sich schlicht
verwirklicht, wär in deinem vollen Blick
nur so viel Raum gewesen, dass das Abbild
von einem Käfer, der sich müht, hineinging,
du hättest jäh bei einem hellen Einsehn
die Schrift gelesen, deren Zeichen du
seit deiner Kindheit langsan in dich eingrubst,
von Zeit zu Zeit versuchend, ob ein Satz
dabei sich bilde: ach, er schien dir sinnlos.
Ich weiss; ich weiss: du lagst davor und griffst
die Rillen ab, wie man auf einem Grabstein
die Inschrift abfühlt. Was dir irgend licht
zu brennen schien, das hieltest du als Leuchte
vor dieser Zeile; doch die Flamme losch
eh du begrifft, vielleicht von deinem Atem,
vielleicht vom Zittern deiner Hand; vielleicht
auch ganz von selbst, wie Flammen manchmal ausgehn.
Du lasest's nie. Wir aber wagen nicht,
zu lesen durch den Schmerz und aus der Ferne.

si hubiera habido alguien, que estando ocupado,
ocupado en lo más íntimo, te hubiese encontrado
quedamente cuando tú, mudo, saliste a consumar la acción;
si tu camino hubiera conducido
cerca de un taller despierto,
donde hay hombres martillando, donde el día se realiza
simplemente; si en tu mirada plena
solo hubiese habido al menos un espacio donde cupiese
la imagen
de un escarabajo que se afana;
de repente y con clarividencia
habrías leído la escritura cuyos signos tú
grabaste lentamente en ti desde la infancia,
intentando de tiempo en tiempo que en ello se formara
una frase:
¡ay, y ella te pareció un sinsentido!
Yo sé; yo sé; tú yacías ahí delante y tanteabas
las ranuras así como uno palpa la inscripción en relieve
de una lápida. Lo que te pareció arder con cierta
luminosidad
lo sostenías delante de esta línea como a una lámpara;
pero la llama se apagó antes que tú hubieras
comprendido,
tal vez por tu aliento,
tal vez por el temblor de tu mano; quizá también
solo por sí misma, como se apagan a veces las llamas.
Nunca lo leíste. Pero nosotros no nos atrevemos a
leer a través del dolor y desde la lejanía.

Nur den Gedichten sehn wir zu, die noch
über die Neigung deines Fühlens abwärts
die Worte tragen, die du wähltest. Nein,
nicht alle wähltest du; oft ward ein Anfang
die auferlegt als Ganzes, den du nachsprachst
wie einen Auftrag. Und er schien dir traurig.
Ach hättest du ihn nie von dir gehört.
Dein Engel lautet jetzt noch und betont
denselben Wortlaut anders, und mir bricht
der Jubel aus bei seiner Art zu sagen,
der Jubel über dich: denn dies war dein:
Dass jedes Liebe wieder von dir abfiel,
dass du im Sehendwerden den Verzicht
erkannt hast und im Tode deinen Fortschritt.
Dieses war dein, du, Künstler; diese drei
offenen Formen. Sieh, hier ist der Ausguss
der ersten: Raum um dein Gefühl; und da
aus jener zweiten schlag ich dir das Anschaun,
das nichts begehrt, des grossen Künstlers Anschaun;
und in der dritten, die du selbst zu früh
zerbrochen hast, da kaum der erste Schuss
bebender Speise aus des Herzens Weissglut
hineinfuhr -, war ein Tod von guter Arbeit

Somos espectadores solo de los poemas
que hacia abajo traen las palabras que tú escogiste,
incluso más allá de la inclinación de tu sentir. No,
tú no las escogiste todas; a menudo
un comienzo se te imponía como un todo
que tú repetías como una orden. Y te parecía triste.
¡Ay, como si nunca lo hubieses oído de ti!
Tu ángel aún ahora lo recita y acentúa
el mismo texto de otra forma y yo estallo en júbilo
ante su forma de decirlo, de júbilo por ti,
porque esto era lo tuyo:
el que todo lo amado[2] de ti otra vez se desprendiera,
el que tú, al haber llegado a ver,
hayas reconocido la renuncia y en la muerte tu progreso.
Esto era tuyo, tú, artista; estas tres
formas abiertas. Mira, aquí está el vaciado
de la primera: espacio en torno a tus sentimientos;
y ahí, desde la segunda, esculpo para ti el mirar
que no desea nada, el mirar del gran artista;
y en la tercera, que tú mismo rompiste demasiado pronto,
cuando apenas entró la primera hornada
de alimento tembloroso desde la incandescencia del
corazón,
se había ya formado en lo profundo

---

[2] En el original «das Liebe», que parece una arbitrariedad del poeta, por cuanto el amor, en alemán, es femenino, «die Liebe». La otra alternativa es que se hubiese tratado de la substantivación del verbo amar, el amar (das Lieben), pero el poeta dice «das Liebe», sin «w. La única posibilidad, entonces, es que se esté refiriendo aquí, en forma un tanto peculiar, a «lo querido» o «amado».

vertieft gebildet, jener eigne Tod,
der uns so nötig hat, weil wir ihn leben,
und dem wir nirgends näher sind als hier.
Dies alles war dein Gut und deine Freundschaft;
du hast es oft geahnt; dann aber hat
das Hohle jener Formen dich geschreckt,
du griffst hinein und schöpftest Leere und
beklagtest dich. – O alter Fluch der Dichter,
die sich beklagen, wo sie sagen sollten,
die immer urteiln über ihr Gefühl,
statt es zu bilden; die noch immer meinen,
was traurig ist in innen order froh,
das wüssten sie und dürftens im Gedicht
bedauern oder rühmen. Wie die Kranken
gebrauchen sie die Sprache voller Wehleid,
um zu beschreiben, wo es ihnen wehtut,
statt hart sich in die Worte zu verwandeln,
wie sich der Steinmetz einer Kathedrale
verbissen umsetzt in des Steines Gleichmut.
Dies war die Rettung. Hättest du nur ein *Mal*
gesehn, wie Schicksal in die Verse eingeht
und nicht zurückkommt, wie es drinnen Bild wird
und nicht als Bild, nicht anders als ein Ahnherr,
der dir im Rahmen, wenn du manchmal aufsiehst,
zu gleichen scheint und wieder nicht zu gleichen—:
du hättest ausgeharrt.

una muerte trabajada[3], esa muerte propia
que tanto nos necesita porque la vivimos
y de la que en ninguna parte estamos más próximos que aquí.
Todo esto fue tu bien y tu amistad;
a menudo lo sospechaste; pero luego te asustó
lo vano de aquellas formas; tú introdujiste la mano
y la sacaste vacía y te quejaste.
Oh vieja maldición de los poetas
que se quejan cuando debieran decir,
que siempre proceden a juzgar sus sentimientos
en lugar de darles forma; los que todavía creen
que cuanto es triste o alegre en ellos
lo sabrían y que así podrían
lamentarlo o alabarlo en el poema.
Como los enfermos, emplean ellos el idioma lleno de
lamentos
para describir dónde les duele,
en lugar de transformarse duramente en las palabras,
como el cantero de una catedral
que obstinado se convierte en la serenidad de la piedra.
Esto era la salvación. Si solo *una* vez hubieses
visto cómo el destino se funde en los versos
y no vuelve, cómo en el interior se convierte en imagen
y nada más que imagen, como ocurre con los antepasados,
que al mismo tiempo parecen y no parecen asemejarse a ti
cuando levantas la vista a veces hacia el cuadro:
entonces tú habrías perseverado.

[3] Todo este es un pasaje bastante obscuro, que hemos tratado de interpretar en el Comentario.

Doch dies ist kleinlich,
zu denken, was nicht war. Auch ist ein Schein
von Vorwurf im Vergleich, der dich nicht trifft.
Das, was geschieht, hat einen solchen Vorsprung
von unserm Meinen, dass wirs niemals einholn
und nie erfahren, wie es wirklich aussah.
Sei nicht beschämt, wenn dich die Toten streifen,
die anderen Toten, welche bis ans Ende
aushielten. (Was will Ende sagen?) Tausche
den Blick mit ihnen, ruhig, wie es Brauch ist,
und fürchte nicht, das unser Trauern dich
seltsam belädt, so dass du ihnen auffällst.
Die grossen Worte aus den Zeiten, da
Geschehn noch sichtbar war, sind nicht für uns.
Wer spricht von Siegen? Überstehn ist alles.

Pero esto es mezquino,
pensar lo que no fue. También hay una apariencia
de reproche en la comparación que no te alcanza.
Lo que sucede tiene tal ventaja
sobre lo que imaginamos, que nunca lo alcanzaremos
ni tampoco experimentaremos cómo era en realidad.
No te avergüences si los muertos te rozan,
los otros muertos, los que perseveraron hasta el fin.
(¿Qué quiere decir fin?) Intercambia la mirada con ellos,
tranquilamente, como es la costumbre,
y no temas que nuestro duelo te abrume
de forma tan extraña que les llames a ellos la atención.
Las grandes palabras de esos tiempos, cuando
el acontecer aún era visible, no son para nosotros.
¿Quién habla de victorias? El resistir lo es todo[4].

(4 y 5 de noviembre de 1908. París)

[4] El verbo «überstehen», que hemos traducido por «resistir», tiene una serie de significados: vencer (una enfermedad), soportar (un sufrimiento), sobrevivir, sobreponerse (a una dificultad) y, por último, resistir.

COMENTARIO AL «RÉQUIEM PARA EL POETA WOLF VON KALCKREUTH»

No se sabe mucho del Conde Wolf von Kalckreuth: solo que era poeta, que había hecho unas excelentes traducciones de Verlaine y de Baudelaire y que puso fin a sus días a la edad de 19 años. También se sabe que fue enterrado en algún lugar de la hoy República Checa, que en ese entonces pertenecía al Imperio Austro-Húngaro y culturalmente al mundo alemán. Él dejó escrita una carta dirigida a sus padres, en la cual expresa su incapacidad para soportar los dolores de este mundo, así como su deseo imperioso de reunirse con amigos más leales y eternos, como Platón, El Dante y Goethe. Es poco probable que haya sufrido de una depresión en el sentido clínico. Su estado corresponde más bien al de la vieja melancolía, tan propia de los genios. Este estado alterna en ellos con momentos de alta creatividad y se caracteriza en primer lugar por la ausencia de capacidad creativa y luego, por los sentimientos de desesperanza y de nostalgia persistentes. Recordemos de paso el origen etimológico de la palabra nostalgia: el algia, vale decir, el dolor por el «nosotros» perdido. En el caso del Conde Kalckreuth, del cual no se sabe que haya sufrido en ese momento de algún mal de amor, ese dolor debe haber estado referido a un nosotros más general, en el sentido de la incomunicación o de la incapacidad de comprender a los otros o de sentirse comprendido por ellos. Para Rilke la muerte temprana es una posibilidad legítima para el hombre elegido, sea este poeta o héroe. El suicidio, en cambio, no necesariamente lo es; él no representa siempre «una muerte personal» en el sentido rilkiano de corresponder a la persona, de, como dice en uno de sus poemas, «caerle a uno como un vestido». Por el contrario, Rilke se lamenta, a lo largo de todo el poema, del hecho que Kalckreuth no haya perseverado y no haya esperado que le llegase su propia muerte.

Una forma de acercarse a una comprensión de la voluntad suicida del joven poeta sería imaginando su vida a comienzos de siglo: una época de gran exaltación de la ciencia, la cultura y los valores humanos, pero en la que al mismo tiempo ya se avizoraban los horrores que traería consigo el siglo XX, como las dos guerras mundiales y los totalitarismos. Habría que pensar que este joven, muy dotado y sensible, descubrió simultáneamente la belleza de las manifestaciones del espíritu, como la poesía y la música, y el horror de los defectos de la naturaleza humana, como el egoísmo, la injusticia, la violencia y la traición; y este doble descubrimiento lo hizo desear el abandono de esta tierra y aspirar, con el apasionamiento y la radicalidad de un joven como él, a una fusión con lo único que podía ser permanente y fiel: sus amigos que ya se habían ido. Rilke no conoció a este joven poeta, pero supo de él, de su vida y de su obra y se conmovió profundamente con su suicidio. Al parecer no solo en el poema, sino también en conversaciones y cartas personales, habría manifestado el convencimiento de que si lo hubiese conocido habría logrado persuadirlo de esperar su propia muerte.

El poema comienza con esta dramática pregunta: «¿Es que en realidad no te vi nunca?» Y luego la afirmación: «Mi corazón está tan apesadumbrado por ti como por esos comienzos demasiado difíciles y que uno siempre aplaza». Llama la atención el tono coloquial con que Rilke se dirige al joven suicida, como el de un amigo mayor que le habla a uno menor que ha hecho algo malo y por lo tanto, con un dejo de reproche. Luego el poeta imagina las razones que pudo haber tenido el conde para decidirse por esta muerte tan apasionada y violenta:

La búsqueda en el otro mundo de alivio a las penas de este: «¿Fue eso tan aliviador como pensaste?…, etc.».

Que allá poseería más en plenitud: «Tú te imaginaste poseer mejor allá…, etc.».

Rilke piensa que el joven suicida pudo haber aspirado a una plena fusión con la naturaleza en el otro mundo, cosa que en este no había podido lograr, puesto que el paisaje se le presentaba solo como imagen: «Te pareció que ahí, al otro lado, estarías dentro del paisaje…, etc.».

Por último, que el poeta muerto podría haber imaginado una unión mayor con la amada desde el otro mundo, por cuanto así podría venir hacia ella «desde dentro» y pasando «fuerte y vibrante a través de todo».

Y entonces viene el reproche: «Ojalá que ahora no añadas el engaño / a tu error juvenil, por mucho tiempo», porque el adolescente desconoció muchas cosas importantes, no las vio a pesar de tenerlas tan cerca, como la alegría, por ejemplo: «…la alegría que has trasladado desde aquí / hasta el estar muerto de tus sueños. / Cuán cercano estuviste tú, querido, aquí de ella.» El joven, desilusionado «de la desventura y de la dicha», se lleva la alegría al otro mundo sin reconocerla. Tampoco conoce el poeta suicida la capacidad de esperar. No sabe que al final de un gran sufrimiento puede surgir una gran ventura. Él no esperó hasta que el sufrimiento se hiciese del todo insoportable, que es justamente cuando «se invierte de repente» y puede adquirir el signo contrario. El joven poeta se adelantó a cerrar la puerta cuando, tal vez en ese mismo momento de sufrimiento, este «se acomodaba la guirnalda en el cabello», vale decir, podía estar transformándose en alegría.

Ese golpe al cerrar la puerta, vale decir, su acto suicida, resuena y estremece al universo entero. Eso pasa siempre cuando en alguna parte «algo abierto se cierra / con esa corriente de aire, dura y cortante, de la impaciencia». Y ahí Rilke renueva su lamento, porque no se consuela él, tan amante de la vida, tan interesado en todo lo que existe, de que el joven poeta haya truncado sus posibilidades de ser que ya se dibujaban como un espléndido edificio y que él tampoco supo reconocer: «¡que tú hayas destruido, que se tenga que decir esto de ti hasta el fin de los tiempos!...». Y luego más adelante: «y ahí yacían los sillares / y en el aire alrededor se sentía ya el ritmo / de una obra en construcción, que apenas podía contenerse; / tú pasaste entre ellos y no viste su orden...», etc. Si hubiera sido posible detenerlo, si una mujer hubiese estorbado su camino y le «hubiese puesto su mano ligera sobre el comienzo aún delicado / de esta ira...». si por lo menos se hubiese tropezado con esos lugares donde se trabaja cada día y ese trabajo da un sentido a la vida: «Si tu camino solo hubiera conducido a un taller despierto, / donde hay hombres martillando, donde el día se realiza / simplemente…». Hasta la humildad de un escarabajo afanado podría haberlo detenido y él no se habría provocado la muerte. Todos los anteriores habrían sido signos de una escritura que él había intentado descifrar desde la niñez, pero sin lograrlo. Ahora, dada su muerte prematura, muy pocas cosas dejó el joven Conde: solo algunos poemas imperfectos («Somos espectadores solo de los poemas que hacia abajo traen / las palabras que tú escogiste»). Pero en ellos Rilke reconoce al menos dos virtudes. Una es la inspiración, venida casi directamente del mundo angélico. («A menudo un comienzo se te imponía como un todo, / un comienzo que tú repetías como una orden.») La otra es que el joven poeta, a través de sus poemas, llegó a «ver», a reconocer «la renuncia y en la muerte tu progreso». Aquí Rilke acepta por primera vez la posibilidad de que la muerte de su amigo haya tenido un sentido.

Hacia el final del réquiem Rilke trata de definir en apretadas palabras lo que debe ser la esencia de la vida poética. Esta debe alimentarse fundamentalmente de los siguientes ingredientes («tres formas abiertas»): los sentimientos, el mirar (que mira y ve, pero «que no desea nada») y «la muerte trabajada», esa muerte propia que tanto nos necesita. La verdadera poesía debe ser un trabajo de la propia vida y de la propia muerte. El poeta adolescente no dejó brotar la vida, con todo lo que ella puede darnos y tampoco fue capaz de esperar su propia muerte. Y entonces Rilke retoma el tema de la esencia de la poesía, anunciado ya en las *Cartas a un joven poeta*, diciendo que estos, en lugar de quejarse deberían, «decir» (cosas esenciales), que en lugar de juzgar tanto sus sentimientos deberían «darles forma»; que deberían, por último, transformarse ellos mismos en palabras, «como el cantero de una catedral / que con obstinación se convierte en la serenidad de la piedra». Y esto habría sido la salvación del Conde Kalckreuth, pero él no la vio, a pesar de haberla tenido en sus manos. Habría bastado que hubiera comprendido la esencia de la poesía. Pero ahora todo esto son palabras vanas. No sea que el adolescente, al escucharlas, se avergüence entre los muertos y que las lamentaciones de los vivos agraven sus sentimientos de culpa. Y el réquiem termina con una recomendación a asumir el destino con todas sus consecuencias, incluyendo los errores, pues «Quién habla de victorias? El resistir lo es todo».

Tercer réquiem

REQUIEM AUF DEN TOD EINES KNABEN

Was hab ich mir für Namen eingeprägt
und Hund und Kuh und Elephant
nun schon so lang und ganz von weit erkannt,
und dann das Zebra—, ach, wozu?
Der mich jetzt trägt,
steigt wie ein Wasserstand
über das Alles. Ist das Ruh,
zu wissen, dass man war, wenn man sich nicht
durch zärtliche und harte Gegenstände
durchdrängte ins begreifende Gesicht?

Und diese angefangnen Hände —

Ihr sagtet manchmal: er verspricht…
ja, ich versprach, doch was ich Euch *versprach,*
das macht mir jetzt nicht bange.
Zuweilen, dicht am Hause, sass ich lange
und schaute einem Vogel nach.
Hätt ich das werden dürfen, dieses Schaun!
Das trug, das hob mich, meine Augenbraun
waren ganz oben. Keinen hatt ich lieb.
Liebhaben war doch Angst—, begreifst du, dann
war ich nicht wir

RÉQUIEM POR LA MUERTE DE UN NIÑO

Qué de nombres me he grabado
y ahora, desde hace ya tanto tiempo y desde lejos
que he reconocido al perro, a la vaca, al elefante
y luego a la cebra, ay, ¿y para qué?
        Aquel que ahora me sostiene
asciende como un nivel de agua
por encima del todo. ¿Es esto la calma,
el saber que uno existió cuando
no se abrió paso a través de objetos duros y tiernos
hasta el rostro comprensivo?

Y estas manos apenas comenzadas.

        Vosotros decíais a veces: él promete…
Sí, yo prometí, pero lo que *os* prometí
ya no me intimida ahora.
A veces me sentaba largo rato junto a la casa
y seguía con la vista a un pájaro.
¡Oh, si se me hubiese permitido llegar a ser eso, ese mirar!
Esto me llevaba y me elevaba;
mis cejas quedaban muy arriba. No quería a nadie.
Pues querer era temor, ¿comprendes?
Entonces yo no era nosotros

und war viel grösser als ein Mann
und war
als wär ich selber die Gefahr,
und drin in ihr
war ich der Kern.

Ein kleiner Kern: ich gönne ihn den Strassen,
ich gönne ihn dem Wind. Ich gab ihn fort.
Denn dass wir alle so beisammen sassen,
das hab ich nie geglaubt. Mein Ehrenwort.
Ihr spracht, ihr lachtet, dennoch war ein jeder
im Sprechen nicht und nicht im Lachen. Nein.
So wie ihr alle schwanktet, schwankte weder
die Zuckerdose, noch das Glas voll Wein.
Der Apfel lag. Wie gut das manchmal war,
den festen vollen Apfel anzufassen,
den starken Tisch, die stillen Frühstückstassen,
die guten, wie beruhigten sie das Jahr.
Und auch mein Spielzeug war mir manchmal gut.
Es konnte beinah wie die andern Sachen
verlässlich sein; nur nicht so ausgeruht.
So stand es in beständigem Erwachen
wie mitten zwischen mir und meinem Hut.
Da war ein Pferd aus Holz, da war ein Hahn,
da war die Puppe mit nur einem Bein;
ich habe viel für sie getan.
Den Himmel klein gemacht, wenn sie ihn sahn, —
denn das begriff ich frühe: wie allein
ein Holzpferd ist. Dass man das machen kann:

y era mucho más grande que un adulto
y era
como si yo mismo fuese el peligro
y dentro de él
el núcleo.

Un pequeño núcleo; de buena gana se lo concedo al viento
y a las calles. Me deshice de él.
Porque nunca creí que estuviésemos todos sentados,
tan juntos. Mi palabra de honor.
Vosotros hablabais y reíais y sin embargo ninguno estaba
en el hablar ni en el reír. No.
Mientras todos vosotros vacilabais
no vacilaba ni el azucarero ni la copa llena de vino.
La manzana yacía. Qué bueno era a veces
tocar la manzana firme y plena,
la mesa fuerte, las silenciosas tazas del desayuno,
las buenas: cómo tranquilizaban el año todas ellas.
Y también mi juguete era bueno conmigo a veces.
Él podía ser casi tan confiable como las otras cosas;
solo que no tan reposado.
Y así él estaba en un constante despertar,
como en medio entre mi sombrero y yo.
Ahí había un caballo de madera, ahí un gallo,
ahí estaba la muñeca con una sola pierna;
yo hice mucho por ellos.
Hice pequeño el cielo, cuando ellos lo veían,
porque eso lo entendí precozmente: cuán solo
está un caballo de madera. ¡Que uno pueda hacer esto!:

ein Pferd aus Holz in irgend einer Grösse.
Es wird bemalt, und später zieht man dran,
und es bekommt vom echten Weg die Stösse.
Warum war das nicht Lüge, wenn man dies
«Pferd» nannte? Weil man selbst ein wenig
als Pferd sich fühlte, mähnig, sehnig,
vierbeinig wurde— (um einmal ein Mann
zu werden?) Aber war man nicht
ein wenig Holz zugleich um seinetwillen
und wurde hart im Stillen
und machte ein vermindertes Gesicht?

Jetzt mein ich fast, wir haben stets getauscht.
Sah ich den Bach, wie hab ich da gerauscht,
rauschte der Bach, so bin ich hingesprungen.
Wo ich ein Klingen sah, hab ich geklungen,
und wo es klang, war ich davon der Grund.

So hab ich mich dem Allen aufgedrängt.
Und war doch Alles ohne mich zufrieden
und wurde trauriger, mit mir behängt.

Nun bin ich plötzlich ab-geschieden.
Fängt
ein neues Lernen an, ein neues Fragen?
Oder soll icht jetzt sagen,

un caballo de madera de cualquier tamaño.
Se pinta y después uno lo tira
y él recibe los golpes del auténtico camino.
¿Por qué no era mentira llamar a esto «caballo»?
Porque uno mismo se sentía un poco como caballo:
se ponía melenudo, nervudo, cuadrúpedo
(¿para convertirse en hombre un día?)
¿Pero es que no era uno a la vez,
por él, un poco de madera
y no llegó a ser duro en el silencio
y no puso una cara reducida?

Ahora casi creo que siempre nos hemos intercambiado.
Si veía el arroyo, cómo murmuraba yo entonces,
y si murmuraba el arroyo, entonces yo saltaba hacia él.
Cuando veía un sonar, yo sonaba[1]
y cuando algo sonaba, yo mismo era su causa.

Así es como yo importuné al todo,
y ciertamente el todo estaba satisfecho sin mí
y se tornaba más triste adornado conmigo.

Ahora estoy de pronto re-tirado.
¿Empieza
un nuevo aprendizaje, un nuevo preguntar?
¿O debo decir ahora

---

[1] La frase «Cuando veía un sonar», que parece un sinsentido, no es un error tipográfico o del traductor. El poeta usa expresamente el verbo «ver» y no «oír» o «escuchar» un sonido.

wie alles bei euch ist?— Da ängst ich mich.
Das Haus? Ich habe es nie so recht verstanden.
Die Stuben? Ach da war so viel vorhanden.
… Du Mutter, wer war eigentlich
der Hund?
Und selbst, dass wir im Walde Beeren fanden,
erscheint mir jetzt ein wunderlicher Fund.

……………………………………………………

Da müssen ja doch tote Kinder sein,
die mit mir spielen kommen. Sind doch immer
welche gestorben. Lagen erst im Zimmer,
so wie ich lag, und wurden nicht gesund.

Gesund… Wie das hier klingt. Hat das noch Sinn?
Dort, wo ich bin,
ist, glaub ich, niemand krank.
Seit meinem Halsweh, das ist schon so lang —

Hier ist ein jeder wie ein frischer Trank.

Noch habe ich, die uns trinken, nicht gesehen.

……………………………………………………

cómo está todo entre vosotros? Entonces tengo miedo.
¿La casa? Nunca la comprendí del todo.
¿Los cuartos? Ay, había ahí tantas cosas.
... Tú, madre, ¿quién era realmente
el perro?
Y hasta el hecho de encontrar bayas en el bosque
me parece ahora un hallazgo milagroso.

....

Sí, tienen que ser niños muertos
los que vienen a jugar conmigo. Porque siempre
morían algunos. Primero se quedaban en cama en el
dormitorio
al igual que yo lo estuve y nunca llegaban a sanar.

Sano... ¡Cómo suena esto aquí! ¿Tiene algún sentido
todavía?
Allí donde estoy
no hay, creo yo, nadie que esté enfermo.
Desde mi dolor de garganta pasó ya tanto tiempo.

Aquí cada uno es como un elixir fresco.

Pero no he visto aún a los que han de bebernos.

....

COMENTARIO AL «RÉQUIEM POR LA MUERTE DE UN NIÑO»

La primera particularidad del «Réquiem para un niño» es que no es el poeta quien le habla al muerto, como en el réquiem a la amiga y al poeta suicida, sino que es el niño muerto quien nos habla a nosotros, los adultos, en una maravillosa reflexión desde el más allá. Él conoce bien el nombre de los animales, pero no el propio, porque él no alcanzó a llegar a ser verdaderamente ese nombre que le dieron. Y entonces viene una misteriosa afirmación: «Aquel que ahora me sostiene / asciende como un nivel de agua / por encima del todo…». Quién es «Aquel» que lo sostiene? No hay duda que el poeta se está refiriendo aquí al mismo Dios, a quien el niño vive como elevándose por encima del universo y llenando con su potencia infinita la totalidad de lo existente. Luego, el niño se pregunta si será esto la verdadera paz, lo que él vive en el allende, cuando en realidad tampoco conoció en la tierra algo muy distinto. Acá él no conoció eso que los adultos llaman dificultades, por cuanto no alcanzó a abrirse paso «a través de objetos duros y tiernos»; ni siquiera supo lo que era la acción («y estas manos apenas comenzadas»).

Su mente se llena de recuerdos dispersos, de pequeñas cosas, como mirar un pájaro, por ejemplo y que le ocupaban tanto tiempo, porque el tiempo de la infancia es muy extenso y hay poca prisa. El tiempo es algo de los adultos; son ellos los que vivían siempre apresurados y hacían proyectos para él, proyectos que ahora ya no le preocupan («pero lo que os prometí / ya no me intimida ahora»).

El poeta pasa luego a describir cómo era la vida del niño en la tierra: lo que más hacía era mirar, mirar a su alrededor y contemplar las maravillas de la naturaleza; pero ahora toma conciencia de que no retuvo de ello lo suficiente y que si se le «hubiese permitido llegar a ser eso, ese mirar», habría podido descifrar mejor quizás la esencia de las cosas. En todo caso esa actividad contemplativa lo «elevaba» hasta tal punto, que sus «cejas quedaban muy arriba». Pero había algo que sí lo incomodaba, aún más, que le daba miedo; era el querer, era eso que los adultos llamaban amor. ¿Qué habrá significado el amor? Para él, «querer era temor». Es probable que lo que el niño temiera fuese esa fusión con el otro que exige el amor («Entonces yo no era nosotros»); porque él estaba acostumbrado a la soledad de su contemplar y, en cierto modo, desde esa misma soledad se sentía «mucho más grande que un adulto», cuanto más que desconocía el miedo al peligro, peligro que ellos tanto temían. Él no solo no sentía temor, sino que «era / como si yo mismo fuese el peligro / y dentro de él / el núcleo». Pero ahora, en el más allá, no existen los peligros y por eso el niño muerto está dispuesto a regalarle ese «núcleo» de audacia «al viento / y a las calles».

En rigor, nunca se entendió con los adultos, porque estos tenían algo profundamente falso («ninguno estaba en el hablar ni en el reír») y ¡cuán vacilantes eran! en comparación con la consistencia de las cosas («no vacilaba ni el azucarero ni la copa llena de vino… tocar la manzana firme y plena, / la mesa fuerte… etc.»). Esta imagen de la copa llena de vino nos recuerda el ejemplo que toma Heidegger para describir fenomenológicamente la esencia de la cosa: «La cosidad de la jarra descansa en el hecho de que ella es en cuanto recipiente. Nos damos cuenta de lo acogedor del recipiente cuando llenamos la jarra […]. Al querer llenar la jarra el líquido fluye en la jarra vacía […]. El vacío, esta nada de la jarra, es lo que la jarra es en cuanto recipiente que acoge…, etcétera». El niño tiene una relación mucho más profunda y directa con las cosas y entiende más que los adultos acerca de eso que Heidegger llama su «esencia». El adulto y sobre todo el que pertenece a la época actual, ha transformado a la cosa en mercancía, la que, como dice el filósofo francés Jean Baudrillard, «es abstracta, formal y ligera, respecto a la pesadez, opacidad y substancia del objeto». El objeto o cosa de la post-modernidad sería, según él, «obsceno», porque es «legible», a diferencia del objeto (el verdadero, el objeto del niño, del que nos habla Rilke), «que jamás confiesa enteramente su secreto». Para el niño las cosas no tienen precio y, por lo tanto, no son intercambiables. A él le gusta ese juguete en particular, aunque sea mucho más sencillo y barato que el de su amigo.

De pronto salta el niño a recordar sus juguetes, «casi tan confiables como las otras cosas»: el caballo de madera, el gallo, la muñeca. Ellos fueron muy buenos con él, pero él también lo fue con ellos, porque pronto comprendió que eran muy solos y entonces él les dio un sentido acercándoles el cielo («… yo hice mucho por ellos. / Hice pequeño el cielo, cuando ellos lo veían»). Además, el acto de hacer un juguete es ya una maravilla y este no es una mentira, porque el mismo niño se transforma en su juguete y su juguete en él («porque uno mismo se sentía un poco como caballo: / se ponía melenudo, nervudo, cuadrúpedo»). Su identificación con el caballo de madera era tal que llegó a poner «una cara reducida». Aquí nos encontramos con otra observación interesante y profunda de Rilke sobre los animales. En la Octava Elegía de Duino nos habló de su «mirada abierta», esa mirada que se integra al mundo como totalidad y no está «frente» a él. O para decirlo con las palabras del poeta: «El animal está *en* el mundo; nosotros, en cambio, estamos *ante* él a través de este vuelco peculiar y esta elevación experimentados por nuestra conciencia». Contrastando con esta apertura de su mirar, Rilke nos habla ahora de la «cara reducida» del animal, con lo cual está aludiendo, de seguro, a la mucho menor expresividad facial que tienen los animales en comparación con los hombres. En todo caso, parece perfectamente coherente el que a mayor inserción del animal en el mundo corresponda una menor expresividad, desde el momento que esta es la forma corporal de manifestarse el sentido (la cultura) y el sentido es por definición transgresor con respecto a la naturaleza.

A continuación el niño explica que lo que le pasó con el caballo de madera le pasaba en cierto modo con todo: siempre se transformaba en aquello que tenía delante: una vez en caballo, otra en arroyo, otra en sonido. Nos encontramos aquí de nuevo con la idea de una relación esencial y personalizada del niño con las cosas, hasta el punto de identificarse él completamente con ellas («Si veía el arroyo, cómo murmuraba yo entonces, / y si murmuraba el arroyo, entonces yo saltaba hacia él»), relación que pierde el adulto —y más el de nuestra época— al transformar las cosas en objetos vendibles y desechables que no tienen un valor sino un precio. Luego vienen unos versos muy misteriosos, porque el poeta afirma que el niño habría «importunado al todo», «todo» que sin él estaría más tranquilo y no se pondría triste. Creo que aquí cabe solo una interpretación: la incisiva contemplación del niño es sentida por la naturaleza como una suerte de invasión, la que anuncia al menos la intervención y manipulación que hacen los adultos en y de la naturaleza y cuyas consecuencias las estamos percibiendo en los múltiples desequilibrios ecológicos. Corroborando lo anterior Heráclito, en uno de sus aforismos dice: «a la naturaleza le gusta ocultarse». La otra interpretación posible es que el niño estuviese importunando al más allá, pero esto sería contradictorio con lo que afirma el poeta más adelante: que en el cielo los niños muertos son como un «elixir fresco».

Ahora el niño se siente tan extraño en este otro mundo como antes se sintió en la tierra. ¿Qué será lo que le espera aquí en el más allá? ¿Habrá un nuevo aprendizaje? Pero, sobre todo, ¿llegará por fin a comprender el mundo de los adultos, ese que nunca comprendió en la tierra? («¿O debo decir ahora /cómo está todo entre vosotros?»). Él no tiene dificultades para entender las cosas (el arroyo, la taza del desayuno, el juguete); al contrario, mientras estuvo en la tierra se movió entre ellos con la mayor familiaridad. Sin embargo, sí tiene y tuvo problemas con los seres vivos. Desde el más allá se da cuenta que en la tierra no solo no entendió a los adultos, sino tampoco a los animales. Ha podido reconocer al perro, a la vaca, al elefante, etc., pero sus respectivas esencias se le escapan («Tú, madre, ¿quién era realmente el perro?»). Aunque, en rigor, todo es tan sorprendente y maravilloso que hasta el hecho de haber encontrado «bayas en el bosque» le parece ahora «un hallazgo milagroso».

En la última estrofa el niño manifiesta la esperanza de que otros niños muertos vengan a jugar con él y recuerda cómo morían esos niños que «nunca llegaban a sanar». También recuerda los últimos días de su enfermedad («desde mi dolor de garganta pasó ya tanto tiempo»). Curiosamente, en ese mundo donde él está ahora ya no tienen sentido palabra como «sano» o «enfermo», porque los niños muertos son «como un elixir fresco». Y el poema termina con la misteriosa frase, que sigue a la anterior: «Pero no he visto aún a los que nos han de beber». Toda esta última estrofa transmite una atmósfera de infinita tristeza; tristeza porque el niño se siente solo, tanto o más solo de lo que se sintió en la tierra; y por eso espera con ansias que otros niños muertos vengan a jugar con él; tristeza también porque ese Dios personal, anunciado en la primera estrofa del réquiem («Aquel que me sostiene») se ha diluido en una pluralidad ¿de dioses? («los que nos han de beber»). Tristeza, por último, porque Él o ellos todavía no llegan o al menos él no ha sido capaz de reconocerlo(s) («no he visto aún...»).

II
TRES POEMAS FUNDAMENTALES
(De *Nuevas poesías, 1903-1907*)

Una canción de amor

LIEBES-LIED

Wie soll ich meine Seele halten, dass
sie nicht an deine rührt? Wie soll ich sie
hinheben über dich zu anderen Dingen?
Ach gerne möcht ich sie bei irgendetwas
Verlorenem im Dunkel unterbringen
an einer fremden stillen Stelle, die
nicht weiterschwingt, wenn deine Tiefen schwingen.
Doch alles, was uns anrührt, dich und mich,
nimmt uns zusammen wie ein Bogenstrich,
der aus zwei Saiten eine *Stimme zieht.*
Auf welches Instrument sind wir gespannt?
Und welcher Geiger hat uns in der Hand?
O süsses Lied

CANCIÓN DE AMOR

¿Cómo poder retener mi alma para que no roce
la tuya? ¿Cómo poder elevarla
por encima de ti hacia las otras cosas?
Ay, cómo quisiera yo instalarla
en un sitio perdido en la oscuridad, allí,
en un lugar ajeno y silencioso donde
no tenga ella que temblar cada vez que tus entrañas
tiemblan.
Porque todo lo que nos toca a ti y a mí
nos une de inmediato, como el arco del violín
que de dos cuerdas saca *una* sola nota
¿A qué instrumento estamos siendo atados?
¿Y qué violinista nos tiene entre sus manos?
¡Oh, dulce canción!

COMENTARIO A LA CANCIÓN DE AMOR

El amor es fusión con la persona amada y el poeta comprueba que su alma, es decir, su hálito, su esencia misma, se le está escapando permanentemente hacia ella. Desde este estado de evanescencia, de disolución en el otro, él busca la forma de interesarse por algo más que no sea su amada («¿Cómo podré elevarla por encima de ti hacia las otras cosas?»), pero también de encontrar la soledad. («Ay, cómo quisiera yo instalarla / en un sitio perdido en la oscuridad, allí, / en un lugar ajeno y silencioso…»). Así, al establecer una cierta distancia con respecto a ella podrá evitar que su alma «no tenga que temblar cada vez que tus entrañas tiemblan».

Luego viene un intento de explicación del por qué de esta aparente pérdida de libertad ocasionada por el amor. Lo que ocurre es que cualquier cosa que afecte a los amantes (una obra de arte, por ejemplo), o que les llame la atención (un acontecimiento) o que simplemente ambos perciban a la vez, como en el caso de un paisaje («Porque todo lo que nos toca a ti y a mí») los hace reaccionar al unísono. Y el poeta emplea aquí esa maravillosa metáfora del arco del violín que «de dos cuerdas saca una sola nota», insuperable forma de expresar esa unión entrañable, esa comunión única a la que lleva el verdadero amor. Y entonces viene la solución a esta paradoja propia del amor, a esta aparente contradicción entre mantener la propia identidad o hundirse en el otro, entre deseo de libertad y de pérdida de esa misma libertad (cuando el amante se declara «esclavo» del otro, por ejemplo), etc. Es cierto que el amor es en sí una atadura, pero una muy particular, porque es una atadura musical. El amor se asemeja a esa unión indisoluble que existe entre dos notas o compases musicales, los que, sin perder su identidad (basta que cambiemos medio tono para que se destruya toda la armonía del conjunto), solo existen en la medida que están estrictamente ligados a la nota o al compás anterior y al siguiente, siendo el resultado de esa secuencia la pieza musical como totalidad, la que a su vez trasciende a cada nota, compás o movimiento en particular.

Pero la solución de la paradoja del amor no termina en el misterio de la armonía musical. El poeta nos dice que en el amor los amantes sí están atados, pero a un instrumento musical y, más aún, que un «violinista» los tiene entre sus manos. ¿Y quién puede ser este violinista sino el mismo Dios? Y si Él es quien sostiene el amor de los amantes, entonces ellos no han perdido ningún grado de libertad uno con respecto al otro, sino por el contrario, han alcanzado, justamente a través de su amor, la verdadera libertad, esa que permite superar el espacio y el tiempo y abrirse a lo trascendente. Y entonces este final con la prisión que se transforma en libertad y eternidad viene a coincidir con lo sostenido por el poeta en la Segunda Elegía de Duino, en cierto modo la elegía del amor, cuando, dirigiéndose a los amantes, afirma: «... Yo sé / que os tocáis dichosos, porque la caricia os retiene / y no desaparece el lugar que vosotros, tiernos, ocultáis / porque debajo presentís la pura duración. / Es casi eternidad lo que os prometéis en cada abrazo».

El último verso de esta canción de amor que estamos comentando viene a confirmar lo sostenido por nosotros con respecto al vínculo existente entre ella y la Segunda Elegía de Duino, por cuanto el poeta, al preguntarse por la persona que lo mantiene atado a su amada, no se queja en absoluto de tal condición, sino por el contrario, termina diciendo: «¡Oh, dulce canción!», lo que en el contexto es lo mismo que si dijera «¡Oh, dulce atadura!». En otra oportunidad hemos desarrollado detalladamente la hipótesis de que el tiempo propio del amor es la eternidad, inspirándonos para ello en textos de Goethe, Schiller, Elizabeth Barrett-Browning, Richard Wagner y del mismo Rilke.

A la música

AN DIE MUSIK

Musik: Atem der Statuen. Vielleicht.
Stille der Bilder. Du Sprache wo alle Sprachen
enden. Du Zeit,
die senkrecht steht
auf der Richtung vergehender Herzen.

Gefühle zu wem? O du der Gefühle
Wandlung in was?—: in hörbare Landschaft.
Du Fremde: Musik. Du
uns entwachsener
Herzraum. Innigstes unser,
das, uns übersteigend, hinausdrängt,—
heiliger Abschied.
da uns das Innre umsteht
als geübteste Ferne, als andre
Seite der Luft:
rein,
riesig,
nicht mehr bewohnbar.

A LA MÚSICA

Música: respiración de las estatuas. Tal vez:
silencio de los cuadros. Tú, lenguaje,
donde termina todo lenguaje. Tú, tiempo,
colocado perpendicularmente
sobre los corazones que se desvanecen.

Sentimientos, ¿para quién? Oh, tú, transformación
de sentimientos, de qué?: en paisaje audible.
Música, tú, extraña. Tú,
espacio del corazón desprendido de nosotros:
tú, nuestro más íntimo espacio,
que presiona por salir y nos trasciende.
Sagrada despedida:
allí donde nos rodea lo interior
como la más recorrida de las distancias,
como el otro lado del aire:
puro,
gigantesco,
pero ya no habitable.

COMENTARIO A LA POESÍA «A LA MÚSICA»

La poesía comienza definiendo la música a través de dos maravillosas metáforas: «respiración de las estatuas» y «silencio de los cuadros». La estatua es vida condensada y representa de algún modo para siempre un gesto, una hazaña o el misterio de un destino heroico; pero no respira. Ella es vida sin ese intercambio permanente entre interioridad y exterioridad, que significa la respiración. De alguna manera la estatua es una interioridad volcada totalmente hacia lo exterior, hacia el otro, hacia el que la contempla. El poeta define aquí a la música como el espacio virtual de ese concentrado de sentido y de belleza que es la estatua.

En la segunda metáfora el poeta nos habla de la música como «silencio de los cuadros». ¿A qué silencio se está refiriendo? No puede ser al hecho concreto de que el cuadro no emita sonidos, porque tampoco los emite la estatua. Una posibilidad es que el autor esté aludiendo aquí a ese particularísimo espacio donde el cuadro habitualmente habita: el museo. Las estatuas están por lo general afuera, en el espacio público, compartiendo la vida de la ciudad y de los ciudadanos. Los cuadros, en cambio, se encuentran en un espacio que se abre al público solo en un determinado horario, pero que la mayor parte del tiempo permanece cerrado y silencioso. Esos cuadros colgados e iluminados en el museo abierto y que tanto le dicen a tantos miles de personas que pasan frente a ellos, ¿qué dicen o a quién le dicen algo en las tardes y en las noches? ¡Qué inmovilidad, qué oscuridad, qué silencio! Cada cuadro es una historia, pero a la vez contiene todo el esfuerzo y en cierto modo la vida del pintor. Y todo eso permanece guardado y en silencio durante la mayor parte del tiempo. Y esa virtualidad se asemeja a la música. Esta no tiene por cierto la consistencia de la estatua o del cuadro, pero es como esa respiración permanentemente aludida por la estatua o como ese silencio lleno de sentido que caracteriza la existencia del cuadro en el museo.

Después de estas dos primeras metáforas el poeta agrega una tercera definición: la música es un lenguaje, es pura comunicación de un alma a otra, pero al mismo tiempo y paradójicamente, con ella «termina todo lenguaje». Más que al hecho que la música no emplee palabras —algo, por lo demás obvio— esta afirmación alude a la dificultad que tiene el ser humano para expresar en palabras lo que ella provoca en el alma. Pero la primera estrofa contiene aún una cuarta definición: la música es tiempo, es secuencia; pero no cualquier tiempo que transcurre y devora el pasado como el dios Cronos a sus hijos, sino un tiempo que se coloca «perpendicularmente» sobre el corazón, vale decir, la sincronía que interrumpe la diacronía del mero tiempo transeúnte y que cala tan hondo en los «corazones que se desvanecen».

La segunda estrofa comienza retomando el último tema de la primera, a saber, la relación entre la música y los sentimientos, insinuada en la imagen de «los corazones que se desvanecen». El poeta se pregunta, entonces:

«Sentimientos ¿para quién?, puesto que si los sentimientos en general están dirigidos casi siempre a alguien, también lo debieran estar los provocados por la música. Él deja, sin embargo, la pregunta sin respuesta y pasa a hacer otra afirmación misteriosa: «Oh, tú, transformación de sentimientos». Sabemos que la música es capaz de cambiar un sentimiento en otro: la tristeza en alegría o viceversa; pero más allá de eso, ella puede transformarlos en «paisaje audible». ¿A qué alude el poeta con esta expresión? Creo que la respuesta es la siguiente: si antes había relacionado él la música con el tiempo («Tú, tiempo, colocado perpendicularmente sobre los corazones que se desvanecen»), ahora, y de aquí en adelante, lo va a hacer con el espacio. La música llena el espacio y crea atmósferas. En el mundo humano la atmósfera (religiosa, bélica, erótica, etc.) condensa el paisaje físico con el espíritu predominante en un momento determinado. Y es a esta unión incomparable que es la atmósfera a lo que sin duda se refiere el poeta cuando nos habla de «paisaje audible». Es cierto que las atmósferas humanas más tienen que ver con el sentido del olfato que con el del oído, pero recordemos que para Rilke —y como lo veremos al analizar los versos siguientes— la música pertenece de algún modo al mundo de lo trascendente. Y en ese mundo de los «infinitamente muertos» (o quizá también infinitamente vivos) la percepción es mucho más completa y todos los sentidos pueden percibir en todas las formas posibles. En la Décima Elegía de Duino el muerto no solo es capaz de escuchar el vuelo de la lechuza, sino también su línea y un pájaro «traza a lo lejos la imagen escrita de su grito solitario» (quinta estrofa). Correspondientemente, aquí en la poesía de la música y a través de ella, el ser humano se hace capaz de «escuchar» el paisaje.

Pasa luego Rilke a recordar ese carácter paradójico de la música, en el sentido de constituirse ella en lo más íntimo y al mismo tiempo en lo más ajeno. Primero la llama «espacio del corazón desprendido de nosotros» y luego «nuestro más íntimo espacio» que «presiona por salir». Pero antes del *crescendo* final, allí donde la música definitivamente se nos escapa y nos trasciende, el poeta nos habla de una «sagrada despedida». ¿Por qué ha de ser sagrada la despedida entre la música y nosotros? Lo sagrado, a diferencia de lo profano, es siempre la manifestación de una realidad superior, una «hierofanía» en la terminología de Mircea Eliade y la música es en cierto modo un puente entre ambas realidades. Basta pensar en la música de Bach para comprender su vinculación con lo sagrado, pero en rigor esto vale para toda forma de música seria. Además en ella se juntan y se separan lo más íntimo («... lo interior / como la más recorrida de las distancias») y lo más lejano («el otro lado del aire»).

El poema termina con la descripción del espacio al cual la música se retira después de habernos habitado. Y ¿cómo es este espacio? El poeta emplea tres adjetivos diferentes para definirlo. En primer lugar, se trata de un espacio «puro», como el de las matemáticas, como el de las formas perfectas y las Ideas platónicas. En segundo lugar, es un espacio «gigantesco», como los mundos infinitos de cuya armonía la música participa y que en cierto modo supera. Por último, es un espacio «ya no habitable» y, como tal, un espacio que deja de ser humano, por cuanto, como dice Heidegger, «El modo según el cual nosotros los hombres existimos en la tierra es el habitar. Ser-hombre significa ser en la tierra un mortal, o lo que es lo mismo decir, habitar». Al comienzo, eso interior que se hizo exterior —la música— era «como la más recorrida de las distancias», vale decir, como lo más familiar y conocido. Ahora, en cambio, ese espaciomúsica o música-espacio ya no es más una morada para el ser humano, pues es tal su dimensión, su profundidad y su misterio, que ella nos trasciende infinita y definitivamente.

La muerte

DER TOD

Dasteht der Tod, ein bläulicher Absud
in einer Tasse ohne Untersatz.
Ein wunderlicher Platzfür eine Tasse:
steht auf dem Rücken einer Hand. Ganz gut
erkennt man noch an dem glasierten Schwung
den Bruch des Henkels. Staubig. Und: >Hoff-nung<
an ihrem Bug in aufgebrauchter Schrift.

Der hat der Trinker, der den Trank betrifft,
bei einem fernen Frühstück ab-gelesen.

Was sind denn das für Wesen,
die man zuletzt wegschrecken muss mit Gift?

Blieben sie sonst? Sind sie denn hier vernarrt
in dieses essen voller Hindernis?
Man muss ihnen die harte Gegenwart
ausnehmen, wie ein künstliches Gebiss.
Dann lallen sie. Gelall, Gelall…
...
O Sternenfall,
von einer Brücke einmal eingesehn—.
Dich nicht vergessen. Stehn!

LA MUERTE

Ahí está la muerte, un extracto azulado
en una taza sin platillo.
Un extraño lugar para una taza,
el estar sobre el dorso de una mano.
Muy bien se reconoce sobre la curva esmaltada
la rotura del asa. Polvorienta y en escritura gastada,
sobre su lado externo, la palabra >*Es-peranza*<.

Esto lo ha des-cifrado ya el bebedor de turno,
en un desayuno lejano.

¿Qué clase de seres son estos
que hay que terminar espantando con veneno?

¿Se quedarían si no? ¿No enloquecerán aquí
en esta cena tan llena de dificultades?
Es necesario quitarles el duro presente,
así como se saca una dentadura postiza.
Entonces ellos balbucean y continúan balbuceando,
balbuceando…
....
Oh lluvia de estrellas,
vista desde un puente, alguna vez.
No olvidarte. ¡Permanecer!

COMENTARIO A LA POESÍA «LA MUERTE»

La muerte aparece aquí primero como un veneno de color azulado y puesto en una taza sin platillo que se equilibra extrañamente sobre el dorso de una mano. Esta corresponde sin duda a la mano de cada uno de nosotros los mortales. No es fácil tomar la taza porque el asa está rota; otra razón más —fuera del difícil equilibrio— para no poder tener control sobre ella. Y sin embargo, esta extraña taza que debemos portar cada uno, equilibrándola sin saber cuándo beber su terrible contenido, tiene escrito sobre su lado externo y en forma apenas descifrable la palabra «esperanza». Es probable que esta palabra que aprendimos en un «desayuno lejano» (¿nuestra juventud?) sea la que nos haya sostenido en este mundo y así permitido vivir el día a día, a pesar de conocer el contenido de la taza, vale decir, habiendo tenido conciencia de la muerte y de la transitoriedad de todo lo humano. Este último tema —fundamental en la obra de Rilke— ha sido particularmente desarrollado por él en la Segunda Elegía de Duino. En ella, al compararnos con los ángeles, que no pierden su esencia, porque son «espejos que recrean la propia belleza irradiada / y la devuelven a su mismo rostro», dice al respecto: «Pues nosotros, donde sentimos, nos evaporamos, ay, / y luego espiramos y nos desvanecemos, de brasa en brasa / se debilita nuestro olor».

¿Qué clase de seres somos nosotros, se pregunta el poeta, que insistimos tanto en vivir, hasta el punto que hay que terminar «espantándonos con veneno»? La respuesta son otras dos preguntas, aparentemente contradictorias: «¿Se quedarían si no?» y «¿No se enloquecerán aquí en esta cena tan llena de dificultades?» ¿A qué lugar se refiere el poeta cuando pregunta si estos seres se quedarían o no y de qué cena se trata? He dicho que las preguntas son contradictorias porque la que uno esperaría escuchar es más bien: ¿Es que se irían (alguna vez) si no se les amenazara con el veneno? Pero el temor del poeta parece ser otro, el que evitemos quedarnos a la cena, la cena de Don Juan, la cena de la muerte. Su temor es que perdamos la conciencia de la muerte y a través de ella, la conciencia histórica. El quedarse (a la cena) encierra, no obstante, un peligro que ellos enloquezcan, que no sean capaces de resistir la conciencia permanente de nuestra transitoriedad y nuestra mortalidad. Y en ese caso no cabría sino «quitarles el duro presente, / así como se saca una dentadura postiza». Este tema también paradójico, en el sentido que necesitamos la conciencia de la muerte para encontrar la verdad de nuestra existencia y al mismo tiempo somos infelices en este mundo transitorio —lo desarrolla Rilke varias veces a lo largo de su obra, pero en pocos lugares con mayor claridad y decisión que en la carta a su editor polaco Witold Hulewicz del 13 de noviembre de 1925, cuando dice: «Nosotros, los de aquí y de ahora, no estamos ni un momento satisfechos en este mundo temporal, pero tampoco atados a él, sino que pasamos permanentemente hacia el mundo anterior, hacia nuestro origen, como también hacia el mundo ulterior, el de aquellos que vendrán después de nosotros». Conocemos también la solución que ofrece el poeta: aceptar la vida y la muerte como una misma cosa. Pero esto no le resuelve el problema a la mayoría de los humanos que continúan presos de la angustia y el temor a la muerte. Y a ellos no cabría sino «quitarles el duro presente». Pero entonces el poeta constata que sin ese «duro presente», sin esa conciencia de la muerte, el hombre solo sabe «balbucear» hablar cosas sin sentido. Aquí nos viene a la memoria el concepto de «Gerede» (habladuría) que describiera Heidegger algunos años más tarde como una de las formas de la «Verfallenheit», de la caída o decadencia de la cotidianeidad del ser humano.

Después de una interrupción marcada por una línea de puntos (recurso empleado varias veces por Rilke cuando quiere insinuar un cambio de espacio o de escenario, como ocurre al final de la Quinta Elegía), el poeta se dirige a la muerte en un tono muy coloquial, abandonando por completo esas duras palabras del comienzo cuando la trata como a un veneno dentro de una taza rota y polvorienta. Primero la llama con una maravillosa metáfora: «Lluvia de estrellas. / vista desde un puente, alguna vez». No hay nada más misterioso y más directamente vinculado con una posible trascendencia que el firmamento en una noche estrellada. Una idea semejante aparece en la Séptima Elegía, cuando dice: «Oh, estar muerto alguna vez y saber de ellas infinitamente, / de todas las estrellas: ¡porque cómo, cómo, cómo poder olvidarlas!» Y en la Novena Elegía vuelve a relacionar el tema de la muerte con las estrellas, cuando al referirse a las cosas que vale la pena llevarse consigo al otro mundo

(«… los dolores; sobre todo la pesadumbre / también la larga experiencia del amor: es decir, todo lo inefable»), agrega: «Pero más tarde, bajo las estrellas, / ¡qué sentido tiene!: *ellas* son indeciblemente *mejores*».

Y el poema termina con dos mandatos escuetos: «No olvidarte» y «Permanecer». Nunca debemos olvidar nuestra condición mortal; hay que vivir siempre de cara a la muerte. Este ha sido por lo demás un pensamiento fundamental dentro de la mística cristiana desde el comienzo de nuestra era, pero también lo ha sido para la filosofía existencial. Recordemos que una de las definiciones que da Heidegger del ser humano (o Dasein) es la de «ser-para-la-muerte». Por último, el poeta nos conmina a «permanecer». A pesar de ese lado tan siniestro que tiene la muerte («un extracto azulado / en una taza sin platillo»), debemos ser fieles a ella y aprender a esperar nuestra «muerte propia». La muerte no es un mero final, no es un terminar cualquiera, como cuando termina un camino, sino más bien un «acabamiento» al modo como se acaba o concluye una obra de arte. El imperativo que se desprende de la última parte de este poema es que jamás debemos huir hacia el suicidio o hacia la inconsciencia, en el sentido de olvidarnos de la muerte. Si debemos resistir, como lo expresa el mismo Rilke al final del «Réquiem para un Poeta». «Resistir lo es todo». Debemos permanecer en la vida comprometidos con ella y desde ahí «reivindicar las cosas» y mantener su recuerdo, «porque nuestra tarea es esta impregnarnos de esta tierra provisional y caduca tan profundamente tan dolientemente, tan apasionadamente, que su esencia resurja otra vez en nosotros, invisible…

«Y no olvidar tampoco que la muerte no es algo ajeno, sino «el otro lado de la vida», porque «la aceptación de la vida y de la muerte se nos muestra como una misma cosa» y nuestra existencia «está domiciliada *en ambos ámbitos ilimitados y se nutre de ambos inagotablemente…*».

ÍNDICE

I
LOS RÉQUIEM

II
TRES POEMAS FUNDAMENTALES

UNA CANCIÓN DE AMOR

A LA MÚSICA

LA MUERTE

Esta primera edición de
Los réquiem y otros poemas
se acabó de imprimir
el 14 de septiembre de 2024
en Madrid.